D1722924

1

Sabine Fischer-Lechner
Ich bin immer für dich da
Lindas letzte Reise

Ingeborg Verlag

Impressum:
Sabine Fischer-Lechner: Ich bin immer für dich da - Lindas letzte
    Reise
© Urheberrecht und Copyright: 1. Auflage 2015, Ingeborg
    Verlag, alle Rechte vorbehalten.

1. Auflage 2015, jegliche Vervielfältigung von Texten oder
    Bildern, auch die elektronische Speicherung ist untersagt:

Verlag: Ingeborg Verlag, Im Friedensthal 3, 31812 Bad Pyrmont
Internet: www.ingeborgverlag.npage.de
E-Mail: ingeborg_verlag@web.de

ISBN: 978-3-945935-00-2

Satz und Layout: Ingeborg Verlag
Druck: xposeprint – Druckhaus Weppert, Schweinfurt
Coverdesign: Sabine Fischer-Lechner

Sabine Fischer-Lechner

Ich bin immer für dich da

Lindas letzte Reise

1. Auflage

Ingeborg Verlag

Bad Pyrmont 2015

Linda saß auf ihrem Bett und blickte durch das Fenster hinaus in den Sternenhimmel. So viele kleine Lichter strahlten ihr vom Nachthimmel entgegen. Eine ganze Weile saß sie so da und war fasziniert von der Unendlichkeit des Himmels, die sie durch die Scheibe des holzgerahmten Fensters betrachten konnte. Linda war um 2 Uhr morgens aufgewacht und seitdem konnte sie nicht mehr einschlafen – langsam drehte sie ihren Kopf zur Seite – 4:32 blinkte ihr von der Anzeige des Digitalweckers mit den schönen blauen Ziffern entgegen. Sie wollte ihre kleine Schwester Kristin nicht aufwecken die im unteren Stockbett schlief also blieb Linda nahezu regungslos unter ihrer Bettdecke. Sie hatte sowieso viel zu viel zu tun mit Nachdenken, als dass sie Zeit gehabt hätte aufzustehen und etwas zu spielen. Sie war heute mit den Eltern in der Stadt gewesen, normalerweise waren solche Ausflüge immer etwas ganz Tolles, es wurde viel gelacht und nach den Erledigungen bekamen sie und ihre Schwester immer ein Eis. Lindas Lieblingssorte war Vanille, die von Kristin war Schokolade. „Wie passend", dachte sie. Linda war blond, ihre Schwester dagegen hatte braune Haare, aber beide hatten strahlend grüne Augen. Linda hatte ihre Schwester während der Fahrt in die Stadt ganz schön vermisst, die Rücksitzbank war ihr so leer vorgekommen. Kristin war bei den Großeltern abgesetzt worden bevor die Fahrt richtig losging, sie wäre noch zu klein für so Etwas hatte es nur geheißen. Warum war Linda dann nicht auch zu klein dafür? Immerhin war sie gerade einmal zwei Jahre älter als ihre Schwester. Während der ganzen Fahrt war es so bedrückend still im Auto gewesen. Mama und Papa hatten sich nicht unterhalten. Das Radio war ausgeschaltet. Mama saß am Steuer des Wagens und blickte sehr angestrengt auf die Straße. Papa saß auf dem Beifahrersitz und sah so konzentriert aus dem Fenster, dass Linda sich sicher war er könnte ihr später alle Baumarten und jedes Haus beschreiben, an dem sie vorbeigekommen waren. Linda selbst strich mit ihrer kleinen, zierlichen Hand über die Rückenlehne des Fahrersitzes, sie zählte die bunten Punkte, die auf den Sitzbezügen waren. Jeder einzelne Punkt für sich war winzig klein, aber zusammen ergaben sie ein wunderschönes Muster. Linda hatte das sofort gefallen – schon als sie das neue Auto damals abgeholt hatten. Sie hatte sich immer vorgestellt die Punkte wären bunte Ameisen, die alle auf dem Weg zu einer riesigen Ameisenversammlung waren. Linda hatte sowieso eine ganz wunderbare Phantasie, immer wenn ihre Schwester Kristin krank war und im Bett bleiben musste, dachte sich Linda schöne Geschichten für sie aus. Das half Kristin dabei schnell gesund zu werden, so dass die beiden Mädchen wieder zusammen durch Haus und Garten toben konnten. Sie hatten soviele schöne Stunden damit verbracht Verstecken zu spielen oder auch Fangen. Viele solcher Situationen gingen Linda durch den Kopf als sie auf der Rücksitzbank des Wagens saß und Angst davor hatte was auf sie zukommen könnte. Die Fahrt kam ihr viel länger vor als sonst. Irgendwie schien die Zeit stillzustehen. Endlich kamen sie am Ziel an, Mama fuhr das Auto auf einen Parkplatz. Papa öffnete Linda die Tür, nachdem er um das Auto herumgegangen war. Als Linda neben dem Wagen auf dem Parkplatz stand erkannte sie das Gebäude wieder vor dem sie gehalten hatten. Es war das Krankenhaus. Hier waren sie vor zwei Wochen schon mal gewesen. Linda hatte einen vollen Tag hier verbracht und es waren viele verschiedene Untersuchungen gemacht worden. Als erstes war ihr Blut abgenommen worden. Das hatte Linda überhaupt nicht gefallen, sie hatte auch schon immer etwas Angst gehabt wenn sie zur Impfung sollte. Aber tapfer hatte sie ausgehalten, auch die anderen Untersuchungen hatte sie sehr erwachsen überstanden, wie sie fand. Weil Linda ja den ganzen Tag bleiben musste bekam sie auch Mittagessen. Sie erinnerte sich gerne daran, denn die Mahlzeit war ihre Leibspeise – Hörnchennudeln mit Tomatensoße – gewesen. Zum Nachtisch hatte es Pudding gegeben. Der Gedanke war gerade zu Ende gedacht, schon stand Linda mit ihren Eltern vor einer großen graugestrichenen Tür. Auf das Klopfen hin öffnete ein älterer Herr, der sich als Dr. Müller vorstellte. Linda hatte ihn am Tag mit den Untersuchungen bereits gesehen und war damals schon fasziniert gewesen vom feuerroten Gestell seiner Brille. Linda versuchte sich darauf zu konzentrieren was der Mann sagte, aber die meisten Wörter die er benutzte kannte sie nicht, also schweiften ihre Gedanken wieder ab. Es war ein sonniger Tag gewesen – also nicht allzu lange her. Linda war schon länger krank, eine

Erkältung. Sie schlief viel, hatte oft Schmerzen in Armen und Beinen und irgendwie wurde sie einfach nicht richtig gesund. Mama packte sie mal wieder ins Auto, um zum Arzt zu fahren. Die letzten Besuche waren immer gleich abgelaufen: Fieber messen, in den Mund und die Ohren gucken, ein neues Medikament verschreiben und verabschieden. Das Medikament hatte die Beschwerden für ein paar Tage besser gemacht, aber dann war alles wie vorher. An besagtem Tag wurde Linda zum ersten Mal Blut abgenommen, alle um sie herum wirkten sehr bedrückt. Mama hatte ein langes Gespräch mit der Ärztin geführt, während dem sich Linda durch die Bücher im Wartezimmer gelesen hatte. Als sie nach Hause kamen wurden sie und Kristin auf ihr Zimmer geschickt und Mama ging mit Papa in die Küche. Heimlich hatten sich die beiden Mädchen etwas näher herangeschlichen. Sie hatten nicht verstehen können was gesprochen wurde, aber sie hatten gehört, dass Mama und Papa weinten. Nachts als Linda schon lange in ihrem Bett lag war Papa zu ihnen ins Zimmer gekommen. Er hatte lange einfach nur da gestanden und nicht bemerkt, dass Linda nur so tat als würde sie schlafen. Er hatte ihr dann einen Kuss auf die Stirn gegeben und anschließend das Zimmer wieder verlassen. Seit diesem Tag hatte Linda viele Ärzte kennengelernt – ihre Eltern waren so traurig geblieben und sie so krank. Heute lernte sie eben Dr. Müller kennen, aber irgendwie war es bedrückender als sonst. Ihre Eltern und der Arzt sahen sie immer wieder voller Mitleid an. Irgendwann im Gespräch fing Mama zu weinen an und Papa drückte Linda fest an sich. Der Arzt wandte sich nun seiner Patientin Linda direkt zu und erklärte ihr, dass sie sehr krank sei. Er und seine Kollegen würden alles tun um ihr zu helfen. Sie müsse tapfer sein. Sie würde nun öfter herkommen. Sie solle keine Angst haben. Diese Sätze hallten nun in Lindas Kopf nach als sie so in ihrem Bett lag und den Sternenhimmel betrachtete. Nach dem Gespräch mit Dr. Müller waren sie schweigend zu den Großeltern gefahren, ab und zu konnte Linda ein Schniefen von Mama oder Papa hören. Als sie endlich angekommen waren wurden Linda und Kristin mit Malbüchern und Stiften in die Küche gesetzt, während die Erwachsenen im Wohnzimmer zusammensaßen. Linda fiel es schwer sich an das Versprechen zu halten, dass sie ihren Eltern gegeben hatte – sie sollte Kristin noch nichts erzählen. Linda hatte bisher alles mit ihrer kleinen Schwester geteilt, sie kam sich sehr seltsam vor nichts von dem Gespräch mit Dr. Müller zu erzählen. Aus dem Wohnzimmer drangen gedämpfte Unterhaltungsgeräusche zu ihnen, zwischendurch war ein Schluchzer zu hören. Linda malte einen Engel auf das Blatt Papier vor ihr, einen mit schönen blonden Locken und grünen Augen und die Flügel waren beinahe doppelt so groß wie der Engel selbst. Kristin wollte natürlich wissen was ihre Schwester da malte und so erklärte Linda ihr, dass sie selbst der Engel sei und die Flügel deshalb so groß wären, damit sie, auch noch mit darunter passe. Die Idee fand Kristin ganz große Klasse. Sie rannte ins Bad, holte zwei von den großen weißen Handtüchern und Wäscheklammern und kam damit zurück in die Küche. Sie installierte die improvisierten Engelsflügel an ihrer großen Schwester und kuschelte sich ganz eng an sie, so dass sie auch mit in die Handtücher eingewickelt war. Gerade als sie mit dieser Verwandlung fertig waren, kamen Mama und Papa zusammen mit den Großeltern in die Küche. Linda sah sofort, dass sie alle geweint hatten. Als sie stolz erzählten, was sie da gerade spielten schniefte die Großmutter und drehte sich weg. Linda war dann aber zumindest beruhigt, als es später doch noch wie bei fast jedem Besuch bei den Großeltern abends Nudeln mit der köstlichsten Soße der Welt gab. Sie und Kristin hatten von der Aufregung nämlich großen Hunger bekommen. Auf der Fahrt nach Hause war es sehr still im Auto, zumindest so lange, bis Kristin eines der Lieder anstimmte, die sie gerade für das bevorstehende Fest im Kindergarten lernen sollte, vermutlich war es ihr einfach zu ruhig gewesen. Linda lächelte ihre Schwester aufmunternd an, damit diese nicht aufhörte zu singen auch wenn sie selbst gar nicht in der Stimmung war sich dem Gesang anzuschließen. Bis sie in die Einfahrt ihres Hauses fuhren trällerte Kristin ein Lied nach dem anderen – so viel hatte sie noch nie freiwillig geübt, wenn es etwas einzustudieren gab. Meist hatte sie eher versucht sich davor zu drücken. Zu Hause angekommen schlichen Linda und Kristin ganz ohne Aufforderung in ihr Zimmer um in ihre bunten Schlafanzüge zu schlüpfen. Linda hatte einen himmelblauen mit kleinen

Sternchen in allen möglichen leuchtenden Farben, auf dem Oberteil war ein kleiner gähnender Hund zu sehen. Der von Kristin war rosa mit verschiedenfarbigen, kleinen Herzchen und einer Katze, die sich zum Schlafen zusammengerollt hatte und nur noch ein Auge halb offen hatte. Die Schlafanzüge hatten sie letztes Jahr zu Weihnachten bekommen und seitdem so oft getragen, dass Mama sie tatsächlich dazu überreden musste sie mal waschen zu dürfen. Nach dem Zähneputzen hatten sie sich ihre Gute-Nacht-Küsse abgeholt und waren ohne Murren und Knurren in ihre Betten verschwunden. Kristin war von den Aufregungen des Tages so müde gewesen, dass sie noch während der Geschichte, die Linda ihr vorgelesen hatte, eingeschlafen war. Nun war es noch zu früh aufzustehen und Linda lag unter der Decke. Ihr Blick wanderte durch das Kinderzimmer. Sie sah das große Regal, das am Fußende des Bettes stand. In diesem Regal standen eine Menge Bücher – sowohl Linda als auch Kristin liebten es zu lesen beziehungsweise vorgelesen zu bekommen oder manchmal auch einfach nur die schönen Bilder zu betrachten. Zu jedem Anlass, wenn Linda nach ihren

Wünschen gefragt wurde antwortete Sie: „Ein schönes Buch!"

Neben der stattlichen Büchersammlung standen in dem Regal

noch verschiedene bunte Kisten, in der Dunkelheit waren die

Farben nicht zu erkennen, aber Linda wusste sie ganz genau.

Da stand eine gelbe Kiste in der hatten Kristin und Linda ihre

Puppen aufbewahrt und natürlich stand daneben die lila Kiste

mit den entsprechenden Kleidern – ihre Großmutter nähte

häufig neue Sachen – sicher würden sie bald eine neue Kiste

brauchen. In der grünen Kiste danach waren die Legosteine,

direkt gefolgt von der blauen Kiste mit Playmobil. Im

Regalfach danach saßen ihre Plüschtiere, verschiedenste

Formen und Größen tummelten sich da, aber natürlich nicht

ihre Lieblingstierchen. Bei Kristin im Bett schlief ihr kleiner

brauner Affe Arno, er war ihr erstes Stofftier gewesen,

genauso wie Brumm Lindas rosafarbener Stoffbär mit großer

weißer Schleife um den Hals. Den drückte Linda jetzt fest an

sich während sie über den restlichen Inhalt des Regals

nachdachte. Da gab es eigentlich nur noch ein Regalfach und

darin stand das große Puppenhaus, das die beiden Mädchen

zusammen mit Mama und Papa im letzten Herbst gebaut

hatten. Alle hatten mitgeholfen. Papa hatte die Bretter zurechtgesägt, Mama hatte sie zusammengeklebt und Linda und Kristin hatten es gestrichen. Es sah wunderschön aus. Nach und nach hatten sie an verregneten Nachmittagen zusammen die Möbel aufgebaut und das Haus eingerichtet. Linda und Kristin liebten es damit zu spielen. Langsam wanderte Lindas Blick weiter durch den Raum. Gegenüber dem Stockbett standen ihre beiden Kleiderschränke. Auf beiden Möbelstücken stand in großen bunten Buchstaben der Name des jeweiligen Besitzers. Direkt daneben und unter dem Fenster stand der Schreibtisch, den Linda zum Schulanfang bekommen hatte. Der Ranzen mit den kleinen Elfen und Blümchen stand direkt daneben. Linda war schon eine Weile nicht mehr in der Schule gewesen – seit sie krank war brachte ihr entweder eine Freundin oder ihre Lehrerin die Sachen die im Unterricht durchgenommen worden waren und Mama arbeitete dann den Stoff mit ihr zusammen durch. Trotzdem vermisste Linda die Schule sehr und natürlich auch ihre Freundinnen, die meisten davon kannte sie noch aus dem Kindergarten und es war ein sehr seltsames Gefühl sie so lange nicht zu sehen. Lindas Blick blieb wieder an der digitalen Anzeige des Weckers hängen. 6:45. Langsam kam Leben ins Haus. Linda hörte wie Mama und Papa nacheinander ins Bad gingen und dann zog der Geruch von frisch aufgebrühtem Kaffee durch das Haus. Das mochte Linda gerne, es erinnerte sie irgendwie immer an Geburtstagsfeiern bei denen die ganze Verwandtschaft zusammen kam. Gleich würde Papa kommen und sie wecken, damit sie noch zusammen frühstücken könnten. Linda wollte ihm gleich entgegengehen. Sie setzte sich auf und rutschte zur Kante des Bettes. Dann setzte sie ihr Füße auf eine Sprosse der Leiter und stand auf – doch ihre Beine wollten sie plötzlich nicht mehr tragen, sie konnte sich gerade noch mit den Händen festhalten um nicht mit voller Wucht zu stürzen, ein erstickter Schrei drang aus ihrem Mund. Von diesen Geräuschen alarmiert schossen Mama und Papa ins Zimmer. Auch Kristin war davon aufgewacht. Orientierungslos blickte sich die Kleine um und erschrak als sie ihre große Schwester neben dem Bett auf dem Boden liegen sah. Dort hatte Papa sie abgesetzt nachdem er sie vom Bett gehoben hatte. Mama packte blitzschnell Kleidung und Brumm in eine Tasche und rannte die Treppe hinunter. Papa kam mit Jacke und Straßenschuhen bekleidet zurück, hob Linda auf, gab Kristin einen flüchtigen Abschiedskuss auf die Stirn und sagte ihr, dass Mama gleich wieder bei ihr sein würde. Am Auto angekommen drückte Mama Linda fest an sich, küsste sie und winkte dem sich entfernenden Wagen weinend nach bevor sie zurück ins Haus ging um Kristin für den Kindergarten fertig zu machen und mit ihr zu frühstücken. Papa und Linda kamen in der Zwischenzeit beim Krankenhaus an, allerdings fuhr Papa dieses Mal von der anderen Seite dorthin, parkte das Auto gleich auf zwei Parkplätzen, drückte Linda ihren Bären in die Hand und trug sie in das Klinikgebäude, dort nahm eine Krankenschwester ihm seine Tochter ab und brachte sie in ein Untersuchungszimmer. Linda hatte das Gefühl alles würde ihr wehtun und war froh als sie endlich einschlief. Linda hatte einen sehr seltsamen Traum. Sie sah sich selbst im Behandlungszimmer liegen und um sie herum saßen oder standen beinahe ein Dutzend kleiner undeutlich zu erkennender Wesen, sie wirkten wie Schatten, ihre Form war menschlich, aber irgendetwas war anders. Im Traum schaute Linda sich diese Wesen fasziniert an und bewegte sich rund um die Gruppen um sie aus allen Richtungen zu begutachten. Sie war sich nicht sicher was sie von dem Ganzen halten sollte. Aber in ihr breitete sich ein Gefühl absoluter Ruhe aus, die Angst die sie vorher im Behandlungsraum verspürt hatte war verschwunden. Linda sah nun auch noch ein paar Menschen in typischer Krankenhauskleidung um den Tisch stehen, aber noch bevor sie sich die Situation so richtig ansehen konnte wachte Linda wieder auf. Sie lag noch im Behandlungsraum, hatte aber eine Infusionsnadel im Arm und fühlte sich ziemlich benommen. Sie wurde in ein Krankenhausbett gelegt und zu ihrem besorgten Papa auf den Flur geschoben. Dieser sprang sofort von der Bank auf, auf der er gewartet hatte und eilte zu Linda um sie in seine Arme zu schließen. Linda war überglücklich, dass er da war und noch mehr freute sie sich als wenige Minuten später auch Mama im Krankenhaus ankam. Über das Bett hinweg sahen sich die Eltern besorgt an, Linda wollte sie beruhigen und erzählte Ihnen, dass es ihr gut ginge – beide lächelten. Dr. Müller kam kurz nach dieser Szene zu den Dreien um zu erklären was vorgefallen war. Durch die Krankheit war Lindas Körper bereits sehr geschwächt, sie sollte ein paar Tage im Krankenhaus bleiben, Infusionen und Physiotherapie bekommen. Diese Aussicht gefiel Linda gar nicht und sie zog Brumm, der die ganze Zeit an ihrer Seite gewesen war, noch enger an sich. Sie kam in ein Zimmer in dem bereits ein Mädchen in ihrem Alter in einem Bett lag und misstrauisch den Neuankömmling beäugte. Kaum stand Lindas Bett im Raum schon kam eine Krankenschwester hereingeeilt, die eine Kanne Früchtetee mitbrachte und sich als Schwester Helga vorstellte. Linda versuchte so nett wie möglich zu gucken, aber so richtig wollte ihr das nicht gelingen viel zu groß war die Angst allein hier im Klinikum bleiben zu müssen. Nachdem Schwester Helga zusammen mit den Eltern auf den Flur gegangen war, begann das Mädchen im Nachbarbett zu sprechen. Sie stellte sich als Nadine vor und erzählte von ihrer Blinddarmoperation und vor allen Dingen wie tapfer sie gewesen sei. Linda lauschte geduldig den Ausführungen.

Nadine erzählte alles sehr ausführlich doch mit einem Mal wurde sie ganz still. „Was hast du denn überhaupt?", fragte sie zaghaft. Linda überlegte eine ganze Weile und bemerkte jetzt erst, dass sie gar nicht so genau wusste was sie hatte. Sie hatte bisher nur gehört, dass sie sehr, sehr krank war. Linda nahm sich fest vor Dr. Müller zu fragen, wenn sie ihn das nächste Mal sah, er würde da wohl am besten Bescheid wissen. Nadine erzählte sie dann, dass sie am Tag zuvor die Testergebnisse bekommen hatten und seitdem ihre ganze Familie sehr bedrückt wirkte, sie schien sehr krank zu sein, hatte aber bisher noch keine Chance gehabt nachzuforschen, was ihr eigentlich fehlte. Nadine legte nachdenklich den Kopf schief und blickte Linda lange schweigend an, dann sicherte sie ihr ihre Hilfe bei der Suche nach der Krankheit zu. Gemeinsam würden sie schon herausbekommen, was mit Linda los war. Mama und Papa kamen erst nach fast einer Stunde ins Zimmer, sie wirkten sehr unglücklich. Nadine stelle sich den beiden vor und fragte dann ganz direkt was Linda denn fehlen würde. Mama setzte sich zu Nadine aufs Bett und erklärte ihr ganz vorsichtig, dass Linda sehr krank sei und jede Unterstützung brauchen könne und, dass die beiden Mädchen sicher gute Freunde werden würden. Mama und Papa blieben im Krankenhaus bis es Zeit war Kristin aus dem Kindergarten abzuholen. Sie spielten mit den beiden Patienten Kartenspiele, lasen vor und versuchten so gut gelaunt wie möglich zu wirken, was ihnen sehr gut gelang, aber ihre traurigen Augen sah Linda doch. Als die beiden gegangen waren war Linda so erschöpft, dass sie sofort einschlief. Sie wurde erste wieder wach als Mama, Papa und Kristin mit dem Tablett fürs Abendessen ins Zimmer kamen. Kristin krabbelte sofort zu Linda ins Bett, machte ihr Brote und wollte sie sogar füttern, damit sie sich nicht so anstrengte. Die vier unterhielten sich natürlich auch mit Nadine und wären die Umstände nicht so unangenehm hätte man es fast als schönen Abend beschreiben können. Als Mama und Papa sich von Linda verabschiedeten schlief Kristin schon. Sachte strich Linda ihrer kleinen Schwester über den Kopf, bevor Papa sie auf seine Arme nahm und aus dem Zimmer trug. Der Besuch machte das Licht aus und schon wenige Sekunden später hörte Linda aus Nadines Bett das gleichmäßige Atmen einer Schlafenden. Linda konnte wie auch in der letzten Nacht nicht einschlafen, also blickte sie sich in ihrer neuen Umgebung genauer um. Neben ihr gab es zwei Wandschränke, hier waren wohl ihre Sachen untergebracht. Das Holz der Schranktüren hatte Linda als sehr hell in Erinnerung – wie nannte Papa das immer? Ahorn! Linda war stolz, dass ihr der Name wieder eingefallen war. Die Wände im Zimmer waren weiß, die Türen grün mit gelben Griffen, es gab ein Badezimmer, das Linda aber noch nicht gesehen hatte – bisher durfte sie nämlich noch nicht aufstehen. Das Fenster - in den gleichen Farben gehalten wie die Türen – war geöffnet, da es tagsüber sehr warm gewesen war, der graue Vorhang hing an einer Seite hinunter. Kurz streifte ihr Blick Nadine und wanderte dann weiter zur Leiste hinter ihren Betten. Dort gab es alle möglichen Knöpfe, Schalter und Anschlüsse und hier war es auch möglich eine kleinere Beleuchtung ein- und auszuschalten. Linda blickte auf die rotblinkende Uhr des Fernsehers gegenüber – 22:18. Ein kühler Luftzug erreichte das Bett und dann sah Linda etwas merkwürdiges, zuerst erschrak sie, aber Angst hatte sie nicht.

Auf dem Fensterbrett saß ein Schatten – er sah so aus wie die, die sie heute im Behandlungsraum gesehen hatte. Der Schatten stand auf und kam auf Linda zu, er streckte die Hand aus und ohne groß zu überlegen griff Linda danach. Ein warmes wohliges Gefühl durchströmte sie als sich die Hände berührten. Der Schatten nahm Linda mit zum Fenster, dort wandte er sich ihr zu und flüsterte: „Hab keine Angst!" Dann sprang er in die Dunkelheit der Nacht – Linda noch immer an seiner Hand. In Lindas Bauch kribbelte es wie beim Kettenkarussell fahren, sie musste kichern. Unter ihr flogen die Häuser der Stadt nur so dahin. Die beiden wurden immer schneller und noch schneller, Linda konnte nichts mehr erkennen, wenn sie nach unten blickte. Plötzlich bremsten sie ab und landeten. Der Schatten half ihr dabei sich auf die, vom Flug noch ganz wackeligen Beine zu stellen und nahm Linda wieder an der Hand. Sie standen mitten auf einer Wiese, anscheinend hatte der Flug ziemlich lange gedauert – es dämmerte bereits am Horizont. Linda setzte sich ins saftige grüne Gras und blickte sich um. Auf der Wiese blühten unglaublich viele Blumen. Mohnblumen, Kornblumen,

Gänseblümchen, Vergiss-mein-nicht und jede Menge Sorten, die Linda nicht kannte und teilweise auch noch nie gesehen hatte. Das Gras war von so einem saftigen Grün und die Halme so gleichmäßig, dass es wirkte als würden täglich mehrere Gärtner sich ausschließlich um diese Wiese kümmern. Ein Stück entfernt von ihnen entdeckte Linda eine Hibiskuspflanze - wunderschöne rosafarbene Blüten zierten die Äste. Links und rechts wurde Lindas Blickfeld von einem hohen Tannenwald begrenzt, aber vor ihr reichte die Wiese bis zum Horizont an dem bereits ein feiner rosafarbener Streifen den Sonnenaufgang ankündigte. Linda war fasziniert von diesem Anblick. Das Schattenwesen legte ihr die Hand auf die Schulter und als sie aufblickte zeigte er in die Ferne. Dort standen in nicht allzu großem Abstand drei weitere Schattenwesen. Sie schienen auf Etwas zu warten. Als Linda aufstand kamen sie näher. „Wollen wir Fangen spielen?", fragte eines davon. Linda nickte scheu. Schon rannten alle Wesen los und Linda versuchte sie zu erreichen. Es dauerte gar nicht lange und sie erwischte einen der kleinen Schatten am Arm. Immer weiter ging das Spiel. Alle fünf rannten kichernd über die grüne Wiese. Linda verlor jedes Zeitgefühl. Irgendwann aber blieben die Schattenwesen ganz plötzlich stehen, blickten einander an und der Schatten mit dem Linda hergekommen war trat einen Schritt auf sie zu. „Es wird Zeit dich zurückzubringen." Linda reichte ihm vertrauensvoll die Hand und mit etwas Anlauf hoben sie vom Boden ab. Auch beim Rückflug war das Tempo so atemberaubend schnell. Während des Fluges erst fiel Linda auf, dass sie vollkommen schmerzfrei und ohne Probleme am Fangen-Spiel teilgenommen hatte. Eine Begründung dafür fand sie allerdings nicht, so angestrengt sie auch darüber nachdachte – sie würde das Wesen gleich fragen, wenn sie angekommen waren. Schon tauchte am Horizont der große Gebäudekomplex des Krankenhauses auf. Linda fragte sich wie lange sie wohl unterwegs gewesen war, ob es jemandem aufgefallen war, dass sie durchs Fenster verschwunden war? Schon sah Linda das geöffnete Fenster, sie flogen hinein, landeten auf dem Bett und dann hatte Linda plötzlich das Gefühl, als würde sie aufwachen, aber sie hatte doch gar nicht geschlafen, oder doch? Linda war sehr durcheinander –

sie blickte sich um, alles sah aus wie vorher. Plötzlich erstarrte Linda vor Schreck – die digitale Zeitanzeige des Fernsehgerätes stand auf 22:24 – sie musste geträumt haben, in dieser kurzen Zeit wäre es nicht möglich gewesen hin und her zu fliegen und dann auch noch ausgelassen auf der Wiese zu toben. Linda schaffte es aber nicht diesen Gedanken zu Ende zu denken, da war sie schon tief und fest eingeschlafen. Am nächsten Morgen wurde Linda ganz sanft von Schwester Helga geweckt, die ihr den Arm streichelte. Vor ihr stand ein Tablett mit zwei Scheiben Weißbrot, Butter, Marmelade, die sich nach genauerem Hinriechen als Johannisbeermarmelade entpuppte – Lindas absolute Lieblingssorte – und eine dampfende Tasse Kakao. Erst als die verschiedenen Aromen ihre Nase kitzelten merkte Linda, dass sie großen Hunger hatte. In einem für Schwester Helga überaus überraschenden Tempo aß Linda das Tablett leer und sah so aus als könnte sie noch etwas vertragen. Nadine im Gegensatz dazu, die heute das erste Mal nach ihrer Blinddarmoperation wieder Etwas essen durfte wirkte deutlich weniger begeistert von der Mahlzeit. Linda fand sie sähe aus als sei ihr sogar eher übel. Nach dem Frühstück kam ein Mann in das Zimmer der beiden Mädchen, er war etwas kleiner als Papa, hatte einen Bauchansatz und seine Haare waren schon etwas ausgedünnt. Auf der Nase trug er eine Brille mit kleinen, runden Gläsern und irgendwie ohne Gestell, das sah lustig aus fand Linda. Seinen Bart hatte er zu einem Oberlippenbart und einem sehr kurz gehaltenem Kinnbart reduziert. Der Mann trug ein rotgrün-kariertes Hemd, eine schwarze Hose und schwarze Herrenhalbschuhe. Er stellte sich als Herr Gärtner der Krankenhauslehrer vor, der eine Unterrichtsstunde für Linda und Nadine vorbereitet hatte. Zuerst lasen die drei einen Text aus dem Lesebuch. Es ging um Nina das Nilpferd, das auf der Suche nach neuen Freunden war und dabei ganz unterschiedlichen Tieren begegnete. Immer abwechselnd lasen die beiden Mädchen vor und als der Text zu Ende war, fragte Herr Gärtner was man aus der Geschichte lernen könnte. Linda dachte darüber nach und antwortete dann, dass es in der Geschichte darum ginge, dass man vollkommen unterschiedlich und doch befreundet sein könne. „So wie wir!", ergänzte Nadine. Beide

Mädchen kicherten. Nach dem Lesen kam bei Herrn Gärtner dann auch noch das Rechnen an die Reihe. Er hatte ein kniffliges Arbeitsblatt vorbereitet, dass sie nun gemeinsam lösten. Die Zeit verging wie im Flug und Herr Gärtner ließ noch ein paar kopierte Texte bei den Mädchen, damit sie weiterüben konnten. Nach dem Mittagessen waren die beiden auch gleich wieder damit beschäftigt sich gegenseitig vorzulesen. Sie waren gerade mit einer Geschichte fertig als beide Besuch bekamen. Das ganze Zimmer war von Lachen erfüllt. Beide Familien schienen sich auf Anhieb zu verstehen und hatten keinerlei Probleme gemeinsame Gesprächsthemen zu finden. Es war schon relativ spät als sich der Besuch verabschiedete und Linda und Nadine wieder zu zweit im Zimmer waren. Nadine sah bedrückt aus und druckste herum als Linda wissen wollte was los sei. Linda musste sehr lange auf ihre neu gewonnene Freundin einreden ehe diese endlich mit der Sprache rausrückte. „Ich habe vorhin ein Gespräch unserer Eltern belauscht." Linda ahnte schon worauf das hinauslaufen würde. „Sie haben sich ganz leise unterhalten, aber weil ich mich sehr angestrengt habe, konnte ich sie dennoch verstehen." Linda bekam einen Kloß im Hals. Ihr war aufgefallen, dass die Erwachsenen getuschelt hatten, als sie ihr Abendessen bekamen und sogar Kristin von Schwester Helga ein belegtes Brot in die Hand gedrückt bekam, aber sie hatte kein Wort verstanden. Nun sah Linda in Nadines besorgtes Gesicht und ein kalter Schauer lief ihr den Rücken hinunter. Linda war sich gar nicht mehr sicher, ob sie überhaupt wissen wollte was Nadine ihr sagen wollte, aber da sprach die neugewonnene Freundin schon weiter. „Ich glaube du hast Krebs." Linda starrte sie ungläubig an, sie hatte schon davon gehört, aber meist im Zusammenhang mit alten Menschen. Sie konnte ihrer Freundin irgendwie nicht so richtig glauben. Nadine hatte wohl noch weitergesprochen, aber Linda hatte gar nichts mehr verstanden. Nadine endete anscheinend gerade mit einer Geschichte über ihre Oma die diese schreckliche Krankheit vor ein paar Jahren erfolgreich besiegt hatte. Linda fand es richtig lieb von ihrer Freundin, dass sie versuchte sie zu trösten, aber es half ihr leider gar nicht. Linda war unglaublich überfordert, sie wusste nicht was sie von der Situation halten sollte. Linda wollte nun erst mal für sich sein, wünschte Nadine eine gute Nacht und drehte sich zur Seite um einzuschlafen, dies gelang ihr allerdings nicht. Nach einiger Zeit spürte sie einen Luftzug an der Schulter und drehte sich um. Im Fenster stand das Schattenwesen und winkte ihr zu. Linda schob die Bettdecke zur Seite und stand vorsichtig auf. Als sie am Fernseher vorbeikam konnte sie einen Blick auf die Uhrzeit nicht unterdrücken – 23:07 blinkte gerade auf. Linda ging zum Fenster und reichte dem Schattenwesen die Hand. Die beiden flogen wieder in rasantem Tempo über die Stadt. Dieses Mal landeten sie aber nicht auf der saftigen grünen Wiese so wie in der Nacht zuvor, sondern an einem murmelnden Bachlauf. Das Schattenwesen und Linda setzten sich auf einen großen, flachen Stein. Dieser fühlte sich so warm an als hätte bis vor ein paar Minuten die Sonne darauf geschienen. Linda sah sich wie in der vergangenen Nacht ihre Umgebung an und war fasziniert. Am Bachlauf entlang waren große und kleinere Steine verteilt. Wieder stand in einiger Entfernung eine wunderschöne Hibiskuspflanze in voller Blüte. Dazwischen waren große Moospolster, diese sahen aus wie kleine puschelige Plüschtiere. Irgendwie erwartete man beinahe, dass sie gleich anfangen würden sich zu bewegen – so dachte Linda. Das Wasser des Baches war bemerkenswert klar – Linda konnte bis zum Grund sehen. Als sie sich etwas länger darauf konzentrierte fielen ihr erst die vielen kleinen und größeren Fische auf, die sich hier tummelten. Es gab hier viele verschiedene Sorten und Linda war sich sicher, dass die meisten davon normalerweise nicht zusammen in einem Bach schwammen. Ein paar Arten kannte sie. Es schimmerten die orangenen Schuppen einiger Goldfische zwischen den Steinen hervor – Linda hatte zu Haus bei ihren Eltern im Wohnzimmer auch ein Aquarium mit Goldfischen, die mochte sie nämlich besonders gerne. Auch Forellen, Karpfen und Elritzen konnte Linda entdecken. Sie steckte einen Finger ins Wasser. Die Temperatur war angenehm – nicht zu kühl, nicht zu warm. Anscheinend dachten die Fische es gäbe etwas zu essen, denn sie kamen von allen Richtungen angeschwommen und versuchten an Lindas Finger zu knabbern. Der Schatten kicherte bei diesem Fischgetummel, das erschreckte Linda, denn sie hatte schon wieder vergessen, dass sie nicht allein war. Sie drehte sich um, das Wesen saß noch hinter ihr. Einem Impuls folgend fragte Linda plötzlich: „Wo bin ich?" „Du bist hier geborgen.", antwortete das Schattenwesen. Linda war irritiert, fragte aber nicht weiter nach, sondern dachte, dass das Wesen sie wohl schon noch einweihen würde. Wieder war der Ausschnitt den Linda um sich sah von hohen Bäumen begrenzt und die Dämmerung setzte schon ein. Als die beiden in Gedanken versunken so auf dem Stein saßen entspannte Linda sich und noch während sie so vor sich hinträumte bemerkte sie, dass sich vier weitere Schattenwesen um sie herum und über die Steine auf sie zu bewegten. Sie setzten sich auch an den Bachlauf ganz in ihre Nähe und schienen sehr erwartungsvoll zu sein. Linda war sich nicht sicher was von ihr erwartet wurde und so sagte sie nichts weiter außer: „Hallo!" Zum Glück nahm ihr jemand von den neuangekommenen Schattenwesen dieses Problem ab in dem er mit vollem Schwung in den Bach sprang. Dabei spritzte das klare Quellwasser in alle Himmelsrichtungen. Linda quiekte laut und hüpfte auf die Beine und auch alle Schatten sprangen auf und so entstand die schönste Wasserschlacht. Linda tobte unbeschwert mit den Wesen durch den Bach. Wie auch in der Nacht zuvor stoppte das Spiel nach einiger Zeit abrupt und das Schattenwesen, das sie hergebracht hatte sagte, dass es Zeit wäre zu gehen. Linda verabschiedete sich und bekam von einem der Wesen noch eine Hibiskusblüte von der wunderschönen Pflanze in die Hand gedrückt. Die war wunderschön und von einem intensiven strahlenden Pink. Viel Zeit zum Nachdenken über deren Bedeutung hatte Linda auch nicht, denn der Rückflug stand bevor. Sie gab dem Schattenwesen die Hand und schon ging es los! Während dem Flug fiel Linda auf, dass ihre Kleider wieder trockneten. Die Zeit verging unglaublich schnell, schon konnte Linda wieder das Krankenhaus und ihr offenes Zimmerfenster erkennen. Sie landeten auf dem Fensterbrett und das Schattenwesen steckte Linda die Hibiskusblüte, die sie die ganze Zeit in der Hand gehalten hatte, ins Haar und verabschiedete sich. Linda machte die Augen auf und stellte fest, dass sie eingekuschelt im Bett lag, es war 23:19 Uhr. Sie dachte noch wie schön der Traum doch gewesen war und schlief dann wieder ein. Als Linda am nächsten Morgen aufwachte fühlte sie sich sehr erholt. Die gutgelaunte Schwester Helga kam mit dem Frühstück ins Zimmer, stellte die Tabletts ab und blieb dann neben Lindas Bett stehen. „Wo hast du die denn her?" Linda folgte Helgas ausgestrecktem Zeigefinger mit dem Blick und war vor Verwunderung erst mal einige Sekunden sprachlos, als sie sah was die Krankenschwester ihr zeigen wollte. Auf Lindas Kopfkissen lag eine pinke Hibiskusblüte, Linda zuckte die Achseln und lächelte. Helga stellte ein paar Mutmaßungen über einen potentiellen heimlichen Verehrer an und ging grinsend aus dem Zimmer. Nadine die bisher sehr ruhig gewesen war und das obwohl sie endlich aus dem Bett aufstehen durfte, klettere nun unter ihrer Decke hervor, schlüpfte aus dem Bett und setzte sich am Fußende auf Lindas Krankenbett. „Zeig mal!", forderte Nadine ihre Freundin auf, die nur allzu gern dieser Bitte nachkam. Nadine begutachtete die filigrane Blüte und deren intensive Farbe und wollte dann auch wissen woher die Blüte käme. Linda war unschlüssig, was sie ihrer Freundin von den nächtlichen Reisen erzählen durfte und kam dann zu dem Schluss, dass ihr die Wesen es sicher erklärt hätten, wenn sie niemandem etwas hätte sagen dürfen. Also erzählte Linda Nadine von den Wesen, den Flugreisen, der Wiese und auch vom Bach. Nadines Gesicht wirkte sehr skeptisch. Nachdem Linda mit ihren Erzählungen fertig war gab es erst mal ein paar Minuten Schweigen, bevor Nadine nochmal die Blüte in den Händen drehte und Linda dann fragte ob es ihr dort bei den Wesen gefalle. Linda erzählte, dass sie dort die Zeit vergessen hätte und so herumtoben konnte ohne Schmerzen zu haben. Nadine sah sehr traurig aus. „Hast du mich auch vergessen?", fragte sie bedrückt. Linda besann sich kurz – „wie könnte ich dich denn vergessen, wo wir doch so gute Freundinnen geworden sind? In meinem Herzen warst du natürlich dabei!" Nadine stand auf, ging ein Stück um das Bett und umarmte Linda ganz fest. „Wir sind Freundinnen für immer!", sagte Nadine und strahlte dabei über das ganze Gesicht. „Genau!", antwortete Linda. Am Nachmittag kam wieder viel Besuch und Mama und Papa wirkten entspannter. Aus den Gesprächsfetzen konnte Linda heraushören, dass ihre Werte sich wohl ein bisschen gebessert hatten, sie fühlte sich aber insgesamt nicht anders als sonst. Nach einiger Zeit kam Schwester Helga ins Zimmer und bat beide Elternpaare auf den Flur. Kaum waren die Eltern außen, setzte Nadine sich auf Lindas Bett und sah sie verschwörerisch an. „Ich bleibe heute Abend wach und dann kann ich dir sagen ob du träumst oder schlafwandelst oder ob das wirklich passiert, was du vorhin erzählt hast." Diese Idee gefiel Linda richtig gut – sie war sich einfach nicht sicher was da mit ihr passierte. Als die Eltern wieder ins Zimmer kamen lächelten alle vier. Nadine erfuhr, dass sie nach Hause durfte und Linda erzählten Papa und Mama von den Untersuchungsergebnissen. Diese waren überraschend positiv ausgefallen, so dass bald mit einer Behandlung begonnen werden könnte. Während Nadine ihre Sachen packte stand Linda das erste Mal wieder auf. Es fühlte sich noch etwas unsicher an, aber Linda konnte ein paar Schritte gehen und zum Fenster hinaussehen. Es gab hinter dem Krankenhaus einen Park, das war Linda bisher nie aufgefallen. Wenn sie wieder fit genug war wollte sie sich das Ganze einmal aus der Nähe ansehen. Als sie sich wieder ins

Zimmer umdrehte stellte Linda fest, dass die bedrückt dreinblickende Nadine bereits ihre Sachen in ihre Tasche gepackt hatte und nun darauf wartete, dass sie sich von Linda verabschieden konnte. Die beiden Mädchen umarmten sich und versprachen sich, dass sie sich bald wiedersehen würden. Nadine und ihre Eltern verließen das Zimmer und Linda merkte wie sie gleich betrübt wurde. Allerdings fiel ihr dann auch noch auf, dass auch das Experiment in der Nacht hinfällig wurde und überlegte angestrengt ob ihr noch ein anderer Weg einfiel herauszufinden ob es Träume waren oder nicht. Mama und Papa sahen noch zusammen mit Linda eine ihrer Lieblingssendungen im Fernsehen an und verabschiedeten sich dann. Die Uhr unter dem Fernseher zeigte 20:42. Linda fühlte sich sehr allein, sie war sich unsicher ob sie sich die Ereignisse der letzten beiden Nächte nur einbildete, also träumte, oder ob es tatsächlich passiert war und natürlich hatte Linda große Angst was die Krankheit mit ihr machen würde. Krebs das klang eigentlich gar nicht so schlimm, eher wie die putzigen kleinen Tierchen die sie im Aquarium gesehen hatte, aber Linda wusste dass es alles andere als lustig war. Ihre Uroma war sogar an Krebs gestorben. Hoffentlich fand sie morgen den Mut ihre Eltern nach Details zu fragen. Über diesen Gedanken schlief Linda ein. Ein sachter Windhauch strich über Lindas Wange, sie öffnete ihre Augen und erschrak sich für einen kurzen Moment als sie das Schattenwesen entdeckte. Es streckte die Hand aus. „Komm mit mir." Linda stieg aus dem Bett und blickte wie schon die Abende zuvor auf die blinkende Uhrzeitanzeige: 23:46. Linda gab dem Wesen ihre Hand und die beiden kletterten aus dem Fenster und flogen dann wieder in rasantem Tempo über die nächtlich stille Stadt. Linda fühlte sich frei wie ein Vogel. Wieder landeten sie an einem wunderschönen Ort. Dieses Mal waren sie auf einer kleinen überschaubaren Lichtung gelandet. Ein Baumstamm lag dort und rund darum herum wuchsen Pilze, die ganz köstlich dufteten. Daneben entdeckte Linda eine Hibiskuspflanze mit pinken Blüten. Rund um die Lichtung standen schöne Fichten und Tannen. Alles hier duftete ganz wunderbar. Das Schattenwesen setzte sich auf den Baumstamm und kurz darauf kam ein kleines Eichhörnchen zu ihm. Der Schatten pflückte einen der kleinen Pilze und hielt ihn dem Eichhörnchen hin. Das nahm den Pilz in seine kleinen Pfötchen und fing an zu knabbern. Es ließ sich auch nicht dabei stören als Linda sich ebenfalls auf dem Baumstamm niederließ um das kleine Tierchen besser betrachten zu können. Das Fell des Eichhörnchens glänzte in einem sanften Rotton und sah unheimlich kuschelig aus. Plötzlich knackte es im Unterholz und das Eichhörnchen flüchtete sich auf den nächsten Baum und fiepte recht wenig begeistert in die Richtung aus der das Geräusch gekommen war. Dorthin blickte nun auch Linda ganz gespannt. Auch das Schattenwesen wandte sich in Richtung Waldrand. Aus dem, durch die Dämmerung hervorgerufenen Zwielicht zwischen den Bäumen traten weitere drei Schattenwesen. Sie begrüßten Linda und schlugen dann gleich vor Verstecken zu spielen. Linda willigte nur allzu gern ein. Als erstes zählte das Schattenwesen mit dem Linda hergeflogen war und alle anderen suchten sich ein passendes Versteckt. Linda ging vorsichtig in den Wald hinein. Der Boden war weich von Nadeln und Moos – es roch herrlich. Linda lief ein Stück und setzte sich dann hinter einen Baum. Sie verhielt sich ganz ruhig und versuchte noch nicht mal beim Atmen Geräusche zu machen. Es dauerte tatsächlich eine ganze Weile ehe sie gefunden wurde. Als wieder alle auf der Lichtung versammelt waren verabschiedeten sich die Schattenwesen bereits von der recht verdutzten Linda und wieder bekam sie eine Hibiskusblüte ins Haar gesteckt bevor sie zurück ins Krankenhaus flogen. Bei der Ankunft im Zimmer zeigte die Uhr gerade 23:51 an. Linda sah sofort neben sich als sie am nächsten Morgen wach wurde – da lag die wunderschöne Hibiskusblüte, sie legte sie zur zweiten auf das Nachtkästchen und stellte fest, dass sie das erste Mal aufgewacht war ohne von Schwester Helga geweckt zu werden. Das war vermutlich ein gutes Zeichen. Linda tappte auf den Flur um sich nach etwas Essbarem umzusehen, der Wagen mit dem Frühstück stand schon bereit, war aber noch verschlossen und so ging Linda zurück in ihr Zimmer und schaltete den Fernseher an um auf Schwester Helga zu warten. Wirklich folgen konnte Linda der Sendung allerdings nicht, ihre Gedanken schweiften immer wieder ab, mal zu den Schattenwesen, mal zu ihrer

Krankheit und der bevorstehenden Behandlung unter der sich Linda noch gar nichts vorstellen konnte. Dann wanderten ihre Gedanken zu Kristin. Was die wohl gerade machte? Linda fehlte ihre kleine Schwester nach den Tagen im Krankenhaus schon sehr. Hoffentlich durfte sie bald wieder nach Hause, damit sie zusammen spielen konnten. Als Linda noch so ihren Gedanken nachhing öffnete sich die Tür des Krankenzimmers und Schwester Helga kam ins Zimmer. Sie stellte das Tablett mit dem Frühstück vor Linda ab und setzte sich dann auf die Bettkannte. „Ich habe gute Neuigkeiten für dich – du darfst heute nach Hause gehen.", sagte sie zur überraschten Linda. „Wir können nach dem Frühstück schon mal deine Sachen einpacken." Mit großem Appetit stürzte sich Linda auf das Frühstück und aß alles bis auf den letzten Bissen auf. Anschließend packte sie zusammen mit Schwester Helga ihre Reisetasche. Als sie damit fertig waren durfte Linda mit ins Schwesternzimmer kommen um dort auf ihre Eltern zu warten, doch es dauerte gar nicht lange, da sah sie schon Papa auf die Station eilen. Er schloss seine kleine Linda in die Arme und drückte sie fest an sich. Nachdem noch ein paar

Worte mit Schwester Helga gewechselt worden waren verließ Linda erst die Station und dann das Krankenhausgebäude an Papas Hand. Sie stiegen ins Auto und fuhren dann, nicht wie Linda erwartet hatte direkt nach Hause, sondern machten erst noch einen Abstecher in die Eisdiele. Dort bekam Linda ihr Lieblingseis – gleich drei Kugeln Vanille. Während sie sich diese Köstlichkeit schmecken lies begann Papa zu sprechen. Er erklärte ihr, dass sie sehr, sehr krank sei und alle in großer Sorge um sie wären. Linda hätte Krebs, der Arzt wollte nun, da sie einigermaßen stabil war so bald wie möglich mit der Behandlung beginnen. Diese Behandlung würde Chemotherapie genannt. Linda bekäme ein Medikament über eine Infusion verabreicht, das dabei helfen sollte, dass sich die kranken Zellen nicht weiter vermehrten sondern Stück für Stück weniger wurden. Bis sie wieder gesund wäre müsse Linda allerdings ganz tapfer sein, die Behandlung würde nicht einfach werden und auch einige Nebenwirkungen mit sich bringen. Aber Mama, Papa, Kristin, die Großeltern, Verwandte und Freunde, alle würden ihr gemeinsam helfen diese schwere Zeit zu überstehen. Mit dieser Chemotherapie solle wohl bereits in der nächsten Woche begonnen werden. Linda war der Appetit auf Eis gehörig vergangen – sie hatte einfach nur noch Angst. Wie sollte das denn weitergehen? „Weiß Kristin was los ist?"; fragt Linda besorgt. Sie hätten auch mit Lindas kleiner Schwester in aller Ruhe darüber gesprochen was hier passierte, sie wüsste also auch Bescheid. Linda machte sich große Sorgen um ihre kleine Schwester. Wenn sie selbst schon solche Angst hatte, wie würde es dann wohl der Kleinen gehen? Das musste ja ein gewaltiger Schrecken gewesen sein. Sie nahm sich vor Kristin am Abend eine besonders tolle Gute-Nacht-Geschichte zu erzählen. Vielleicht würde Linda sich selbst eine ausdenken. Nachdem sie ihr Eis aufgegessen hatten fuhren Papa und Linda nach Hause. Die Freude war groß als Linda und Kristin sich entgegenliefen und umarmten. Die beiden setzten sich auf die Mauer die den Garten von der Einfahrt abtrennte und auf der sie sich im Sommer oftmals stundenlange Geschichten erzählten und unterhielten sich über die Ereignisse der letzten Tage. Sie sprachen über Nadine, über Herrn Gärtner – den Krankenhauslehrer und über die Zeit die Kristin im

Kindergarten verbracht hatte. Sie versuchten beide krampfhaft das eine Thema zu umgehen und so zu tun als wäre alles in Ordnung. Lange klappte das allerdings nicht – mitten in einem angefangenen Satz brach Kristin in Tränen aus und fiel ihrer Schwester um den Hals. „Du darfst mich nicht allein lassen!" Linda war überrumpelt, sie hatte keine Ahnung wie sie reagieren sollte – strich Kristin einfach über die Haare. „Erinnerst du dich an das Bild mit dem Engel, dass ich für dich gemalt habe?" „Ja", schniefte Kristin. „Ich bin immer bei dir – lass uns ins Haus gehen. Ich möchte mit Mama und Papa nochmal über die Behandlung sprechen." „Wirst du wieder gesund?" „Ach, Kristin, das weiß ich leider nicht." Die beiden stapften durch die offenstehende Tür ins Haus. Mama und Papa standen in der Küche, unterhielten sich und bereiteten das Abendessen zu. Sie lächelten ihre beiden Mädchen strahlend an. Linda dachte bei sich, dass die Behandlung sehr erfolgsversprechend zu sein schien, wenn alle auf einmal viel weniger niedergeschlagen wirkten. Es gab Hörnchennudeln mit Tomatensoße. Linda wartete bis zum Nachtisch um ihre Eltern auf die Behandlung anzusprechen. Sie sprachen lang und ausführlich über die Einzelheiten und Linda fühlte sich ein bisschen beruhigter, selbst Kristin konnte sich ein Lächeln abringen. Als es Schlafenszeit war erzählte Linda ihrer Schwester eine sehr spannende Gute-Nacht-Geschichte, natürlich eine mit Happy End. Kristin schlief auch sehr schnell ein. Linda lag noch etwas wach und überlegte, wann heute wohl der Schatten im Fenster auftauchen würde. Die nächtlichen Abenteuer hatten ihr große Freude bereitet und sie war schon gespannt wohin es heute gehen würde. Über diesen Gedanken schlief Linda ein. Als sie erwachte blickte sie sich um. Es war bereits hell geworden. Sie setzte sich auf und sah auf ihr Kopfkissen – nichts. Sie hob das Kissen an, schüttelte es aus – wieder nichts. Linda schüttelte nun auch ihre Bettdecke aber auch hier kam keine Hibiskusblüte zum Vorschein. Verwirrt stand Linda aus dem Bett auf, ging zum Schreibtisch, öffnete dort die erste Schublade und war beruhigt, als sie die beiden Blüten noch genau an der Stelle fand, an der sie sie abgelegt hatte. Hungrig lief Linda in die Küche. Zu ihrer großen Überraschung stand dort Mama. „Ich habe heute Urlaub genommen!", erklärte sie fröhlich. Linda setzte sich an den gedeckten Frühstückstisch und ließ sich mit Rührei, Pfannküchlein und anderen Leckereien verwöhnen. Mama sah endlich wieder einmal ausgeschlafen aus, Linda selbst schien auch entspannt durchgeschlafen zu haben. Sie freute sich auf den Tag, er hatte ja schon extrem gut angefangen. Nachdem sie mit dem Essen fertig waren, legten sich Linda und Mama mit Büchern und Zeitschriften auf die Terrasse und veranstalteten sogar einen kleinen Vorlesewettbewerb. Dabei wurde die Anzahl der Wörter mitgezählt, bis ein Fehler gelesen wurde. Das machte beiden großen Spaß. Nachmittags holten sie dann gemeinsam Kristin vom Kindergarten ab. Auch in dieser Nacht kam das Schattenwesen nicht. Linda wartete mehrere Tage vergeblich, dann war sie sicher, dass sie nur geträumt hatte und sich keine Hoffnung mehr darauf machen musste die sympathischen Wesen nochmal zu sehen. Nach einiger Zeit kam dann der Tag an dem die Behandlung beginnen sollte. Linda saß bereits im Auto, Brumm im Arm. Kristin war schon im Kindergarten – Papa war arbeiten. Mama verstaute die Reisetasche im Kofferraum und stieg ein. Auf dem Weg zum

Krankenhaus hörten sie ein lustiges Hörbuch in dem erklärt wurde was so alles in einem Krankenhaus vor sich ging. Linda fand es spannend die Fachbegriffe für die einzelnen Utensilien zu lernen, die sie das letzte Mal gesehen hatte. Nach ihrer Ankunft wurden sie von Schwester Helga begrüßt, die sich nur allzu gut an ihren kleinen Schützling erinnern konnte. Linda bekam dieses Mal direkt ein Zimmer für sich allein, worüber sie sich allerdings nicht so wirklich freuen konnte. Noch während Mama ihre Sachen in den Schrank packte kam bereits Dr. Müller ins Zimmer und bat Linda sich ins Bett zu legen. Er legte einen Infusionszugang und schloss auch gleich das Medikament an. Linda spürte am Anfang ein leichtes Kribbeln, als die Flüssigkeit begann sich in ihrem Blutkreislauf auszubreiten. Mama blieb den ganzen Tag bei ihr. Darüber war Linda sehr froh, sie schlief zwar viel, aber wenn sie wach war, war ihr sehr übel, Durchfall bekam sie auch und insgesamt fühlte sie sich sehr elend. Nachmittags kamen nicht nur Papa mit Kristin und ihre Großeltern zur Unterstützung, sondern auch Nadine und deren Eltern. In der Zeit zu Hause war Nadine auch immer wieder zu Besuch gekommen, Linda hatte das immer großen Spaß gemacht und da Nadine und Kristin sich auch sehr gut verstanden hatten sie oft zu dritt im Garten gespielt. Heute saßen die beiden am Fußende von Lindas Bett. Nadine las aus einem dicken Buch mit Kurzgeschichten vor und Kristin streichelte sanft über Lindas Beine. Sie fühlte sich so elend. Alle bemühten sich es ihr leichter zu machen, aber es wollte einfach nicht funktionieren. Als es Abend wurde verabschiedeten sich Stück für Stück alle von Linda, die gleich einschlief. Wach wurde sie weil jemand leise ihren Namen rief. Vorsichtig und langsam öffnete sie ihre Augen und erblickte das Schattenwesen. Dieses Mal erschrak sie nicht, das Wesen war ihr ja nur allzu gut vertraut, Linda freute sich sogar es wiederzusehen. Sie kletterte aus dem Bett, sah schnell noch auf die Uhr am Fernsehapparat – 22:14 – und schon verschwanden die beiden durch das Fenster in den Nachthimmel. „Wo warst du?", fragte Linda. Das Wesen antwortete ihr nicht. Sie landeten dieses Mal in einer Art Garten mit Obstbäumen, einer Hibiskuspflanze und ordentlich angelegten Gemüsebeeten. Über die vielen Eindrücke vergaß

Linda ihre Frage. Sie sah sich um und sah, dass den Garten ein niedriger, weißer Holzzaun umgab. Dahinter umgab sie wie auch die letzten Male der freundliche Wald mit den hochgewachsenen Nadelbäumen und auch die Lichtverhältnisse waren die gleichen wie bei ihren letzten nächtlichen Ausflügen – eine sanfte Dämmerung umgab sie. Linda fühlte sich hier auf Anhieb wohl. Nun blickte sie sich im Garten nochmals genauer um. Linda sah drei Apfelbäume mit verschiedenen Apfelsorten, zwei Birnenbäume, ein Kirschbaum und ein Pflaumenbaum. Außerdem gab es noch eine Menge Johannisbeer- und Stachelbeersträucher die am Zaun entlang wuchsen. In den Gemüsebeeten entdeckte Linda Karotten, Salat, Schnittlauch, Radieschen und vieles mehr. Sie war total begeistert von dem reichhaltigen Angebot. In der Mitte des Gartens gab es einen kleinen Pavillon, gebaut aus Holz mit reichlichen Verzierungen und in weiß gestrichen. Das Dach war gedeckt mit schwarzen Ziegeln und im Inneren entdeckte Linda mehrere Bänke um einen Tisch. Sie nahm das Schattenwesen an der Hand und setzte sich mit ihm in den Pavillon. „Wo sind wir? Träume ich oder bin ich wach?

Was ist hier los? Warum warst du solange nicht mehr bei mir?", die Fragen schossen nur so aus Linda heraus. Das Schattenwesen nahm ihre Hände in seine und antwortete: „Linda, ich kann dir diese Fragen nicht so einfach beantworten – du musst in dein Herz hören, dort sind alle deine Antworten. Hier bist du geborgen!" Linda fing an zu weinen. Als sie zwischendurch aufsah, bemerkte sie mindestens ein Dutzend der kleinen Schatten um sich stehen. „Wir sind froh dich kennenzulernen." „Manche sind auch froh dich wiederzusehen. Schön, dass du da bist." „Lass uns von den Früchten kosten." „Bitte hör auf zu weinen, wir haben dich doch so gern." Alle redeten sie durcheinander. Linda wischte sich die Tränen fort und rang sich ein Lächeln ab. Bevor sie wusste wie ihr geschah war bereits der gesamte Tisch mit Obst und Gemüse bedeckt und die Schattenwesen saßen auf den Bänken rund herum. Zum ersten Mal bemerkte Linda, dass diese Wesen vollkommen unterschiedliche Formen hatten und auch nicht alle gleich groß waren. Was das wohl zu bedeuten hatte? Linda betrachtete nachdenklich die Nahrungsmittel vor sich. Das Wesen neben ihr reichte Linda eine Birne, sie drehte die Frucht in ihren Händen hin und her und entschloss sich schließlich doch dazu sie zu kosten. Die Birne war unbeschreiblich lecker, so süß im Geschmack. Linda aß die Frucht schnell auf und griff nach der nächsten auf dem Tisch. Dieses Mal erwischte sie einen Apfel – auch dieser mundete Linda vorzüglich. So gutes Obst hatte sie noch nie gegessen. Linda setzte sich nach dem Essen zwischen die Bäume – sie lehnte sich mit dem Rücke an einen der Apfelbäume, schloss die Augen und dachte nach. Sie hörte ganz tief in sich hinein und dabei fiel ihr auf, dass sie keine Schmerzen und auch keine Angst hatte, wenn sie hier bei den Wesen war. Sie kam nur mit den Schattenwesen an die verschiedenen schönen Orte die sie hier schon kennengelernt hatte. Hier dämmerte immer die Sonne, schien aber nie vollends aufzugehen. Wenn sie zurück ins Krankenhaus kamen war es dort aber noch dunkel, das alles war schon sehr seltsam. Aber als Linda so entspannt unter dem Baum saß beschloss sie diese seltsamen Gegebenheiten erst mal einfach so hinzunehmen. Sie wurde immer ganz liebevoll begleitet und wenn sie im Land der

Hibiskusblüten ankam ging es ihr so gut wie früher, nun ja, eigentlich sogar ein klein wenig besser. Allerdings fehlten ihr hier ihre Lieben. Mama, Papa, Kristin, die Großeltern, Nadine und deren Eltern. Niemand außer ihr schien hierher kommen zu können, nur sie ganz allein. Linda war sehr verwirrt, aber gleichzeitig fühlte sie sich hier so unglaublich wohl. Da trat eines der Schattenwesen zu ihr und fragte sie ob sie mit ihnen spielen wollte. Es streckte seine Hand aus und führte Linda, die diese annahm, zu den anderen Schatten die bereits in einem Kreis zusammensaßen und genau Platz für die beiden gelassen hatten. „Wir möchten Flüsterpost mit dir spielen." Linda setzte sich und flüsterte ihrem rechten Sitznachbarn direkt ein, wie sie glaubte, besonders schweres Wort ins Ohr. So kam reihum jeder an die Reihe. Es machte Linda großen Spaß. Sie spielten eine ganze Weile ehe es Zeit wurde, dass Linda zurückkehrte. Sie bekam zum Abschied wieder eine dieser wunderschönen Hibiskusblüten in ihr Haar gesteckt. Im Krankenhaus erwachte sie dann in ihrem Bett, Brumm im Arm – die Uhr zeigte 1:07. Wow – dieser Besuch war erheblich länger gewesen als die letzten. Linda fasste neben sich aufs

Kopfkissen und fand die Blüte neben sich. Sie legte das Blümchen auf ihren Nachttisch und versuchte wieder einzuschlafen. Als sie das nächste Mal wach wurde schien sie das Frühstück verpasst zu haben. Vor Linda stand ein Tablett mit einer Portion kleiner Nudeln. Linda wurde schon beim bloßen Anblick übel, sie klingelte nach Schwester Helga. Der ganze Tag und auch die folgenden bestanden für Linda nur aus Übelkeit und schlafen. Nur am Rande bemerkte sie, dass ihre Eltern zu Besuch kamen, dass Schwester Helga sich um sie kümmerte oder das Dr. Müller sie untersuchte. Ihre nächtlichen Ausflüge zu den Schattenwesen blieben sehr ausgedehnt und erleichterten ihr die anstrengenden Tage. Sie lernte noch ein paar Kulissen im Land der Dämmerung – wie Linda den Ort in ihren Gedanken inzwischen nannte – kennen. Immer wohler fühlte sie sich bei den kleinen Schatten, die ihr gute Freunde geworden waren. Bei ihren Besuchen tobten und lachten sie gemeinsam. Nach einigen Tagen wurde Linda aus dem Krankenhaus entlassen. Zu Hause tauschte sie ihr Bett mit Kristin, damit sie nicht mehr die steile Treppe nach oben klettern musste. Kristin war etwas misstrauisch wie das wohl alles funktionieren würde. Linda setzte sich auf das untere Bett, das von Mama frisch bezogen worden war und guckte durch das Zimmer. Die Perspektive war ganz neu, das Regal war nur noch zur Hälfte zu sehen, dem Schreibtisch fehlte ein ganzes Stück und die Schränke waren auch nicht vollständig zu sehen. Dafür war sie näher am buntgemusterten Teppich, der war so wunderbar weich wenn man mit den nackten Füßen darüber strich. Linda legte sich auf das Bett und guckte nach oben. Mama und Papa hatten vor ein paar Monaten einen Sternenhimmel an den Bettlatten befestigt damit Kristin sich wohler fühlte. Linda musste zugeben, dass es hier im unteren Bett dadurch wesentlich gemütlicher wurde. Da es schon recht spät war, bewegte Linda sich noch ins Badezimmer und zog sich ihren Schlafanzug an. Dann verkroch sie sich in ihr Bett. Schnell war Linda eingeschlafen, sie war sich sicher, dass sie heute keinen Besuch aus dem Hibiskusblütenland bekommen würde, schließlich waren die Schattenwesen bisher nur im Krankenhaus zu ihr gekommen. Ein Windhauch weckte Linda sacht. Im geöffneten Fenster stand das Schattenwesen und streckte die Hand aus. Linda kletterte etwas umständlich aus dem noch ungewohnten Bett und ging zu dem Wesen. Wieder starteten sie vom Fenster aus zu ihrem rasanten Flug über die Stadt. Dieses Mal landeten sie vor dem felsigen Eingang zu einer großen Höhle. Linda war fasziniert. Sie sah sich um. Der Vorplatz zur Höhle hatte einen weichen, sandigen Untergrund. Vereinzelt wuchsen darauf kleine Grasbüschel und Pflanzen, die wie Hauswurz aussahen und natürlich eine Hibiskuspflanze. Die alt-vertrauten Nadelbäume umgaben den Platz schützend. Linda und das Schattenwesen betraten die Höhle und Linda war sprachlos. Was für ein wunderbarer Anblick. Sie standen mitten in einer Tropfsteinhöhle. Die Steingebilde hatten die wunderbarsten Formen. In der Höhle saßen bereits mehrere der kleinen Schattenwesen auf dem Boden und begrüßten die beiden Neuankömmlinge freundlich. „Wir spielen Geschichtenerzählen!", sagte eines der kleinen Wesen. „Wollt ihr nicht mitmachen?" „Gerne!", antwortete Linda und setzte sich dazu. „Wir wählen immer einen der Tropfsteine und denken uns dann eine passende Geschichte dazu aus." Linda war sofort Feuer und Flamme und machte fleißig mit. Nach einer Weile wollten sie noch etwas anderes machen und so wurde beschlossen, die Höhle ein Stück weiter zu erkunden. Von dem Raum in dem sie sich jetzt befanden führte ein schmaler Gang weiter. Linda war so mutig sich als Erste hinein zu wagen. Der Gang war nur etwa 20 Meter lang und am anderen Ende stand Linda wieder in einem größeren Raum. Hier gab es allerdings keine Tropfsteine. Dafür gab es hier etwas ganz anderes, was mindestens genauso begeisterungswürdig war. Der ganze Raum glitzerte und funkelte. Durch ein Loch in der Höhlendecke fiel ein Strahl Dämmerlicht in den Raum. Linda stellte sich in die Mitte der Höhle und drehte sich langsam im Kreis. An den Wänden und auch an der Decke wuchsen verschiedenfarbige Kristalle aus dem Stein. Es glitzerte mal in rot mal in blau, dann wieder funkelte es in grün oder violett. Linda war von dem regenbogenfarbenen Glimmer unglaublich begeistert. So etwas Wunderschönes hatte sie noch nie zuvor gesehen! Sie stand lange in der Höhlenmitte und blickte sich um. Nach einer Weile kam das ihr bereits so vertraute Schattenwesen auf sie zu, legt ihr die Hand auf die Schulter und sagte: „Wir müssen jetzt los!" Wie bei jedem Besuch bekam Linda eine Hibiskusblüte mit auf den Weg. Zu Hause hatte sie schon eine stattliche Sammlung, die sie inzwischen in Butterbrotpapier verpackt in ihrem dicken Lexikon presste. Die Rückreise in ihr Zimmer ging so schnell wie jedes Mal. Ein bisschen wehmütig verabschiedete sich Linda vom Schattenwesen und kroch in ihr Bett. Ihr fiel auf, dass sie das erste Mal beim Abflug gar nicht auf die Uhr gesehen hatte. In der nächsten Zeit konnte Linda immer weniger aus dem Bett aufstehen, Krankheit und Behandlung waren sehr kraftraubend. Linda schlief viel. Kristin hatte den niedrigen Wohnzimmertisch ins Kinderzimmer gezogen und neben dem Bett postiert, so konnten die beiden Mädchen zusammen puzzeln, Brettspiele spielen und malen. Häufig kam auch Nadine vorbei, sie las Linda dann aus ganz verschiedenen Büchern vor. Manchmal hatte sie auch etwas Kuchen dabei, denn ihre Mutter konnte sehr, sehr gut backen. An einem sonnigen, wenn auch etwas kühlen Nachmittag saßen die drei Mädchen zusammen auf der Terrasse und blickten in den Garten. Papa hatte Linda nach draußen getragen und in eine

Decke eingewickelt, damit ihr nicht kalt wurde. Nadine und Kristin hatten sich auch in bunte Fleecedecken gehüllte.

Nadine griff nach dem Buch, das sie mitgebracht hatte und las ihren Freundinnen eine spannende Geschichte über eine mutige Bienenkönigin vor, die ihr Volk aus großer Gefahr errettete und ein neues zu Hause für sie fand. Auf den bunten Bildern des Buches entdeckte Linda viele Hibiskusblüten, die in hellen Farben leuchteten. Die Bienen waren also in ein Land umgezogen wo sie nur noch von wundervollem Hibiskus umgeben waren und dort ging es ihnen viel besser als vorher. Lustiger Zufall, dachte Linda, bei mir ist es ja ganz ähnlich. Nachdem Nadine mit dem Vorlesen fertig war, gab es den leckeren Kuchen, den sie mitgebracht hatte. Mama und Papa brachten heißen Kakao und setzten sich zu den Mädchen. Nadine erzählte von den Neuigkeiten aus der Schule. Es war sehr angenehm so zusammen zu sitzen und doch merkte Linda, dass sie wieder müde wurde. Kristin hatte in der Zwischenzeit Papier und Buntstifte geholt. Linda musste lächeln. Sie hatten die letzte Zeit so viel zusammen gemalt. Mama und Papa hatten ihnen einen Ordner geschenkt, damit sie ihre Kunstwerke darin aufbewahren konnten. Linda hatte alle Bilder auf der Rückseite beschriftet. Wer hatte wann und wo das Bild zu welchem Thema gemalt. Es war bereits jetzt schon schön im Ordner zurück zu blättern um zu sehen was sie in der letzten Woche für Kunstwerke produziert hatten. Meistens legten sie vorher ein Thema fest und jede malte was ihr dazu einfiel. Heute war das Thema natürlich das Buch über die Bienen. Linda schnappte sich einen Bleistift und begann unheimlich konzentriert zu zeichnen. Das war sehr anstrengend, weil sie gegen die Müdigkeit ankämpfen musste, aber sie nahm alle Reserven zusammen. Sie hatte eine ganz klare Vorstellung davon was sie malen wollte und freute sich selbst schon sehr auf das Bild. Linda bekam nichts mehr von ihrer Umgebung mit so sehr war sie ins Zeichnen vertieft. Sie bemerkte noch nicht einmal, dass Mama und Papa aufstanden und den Tisch abräumten. Linda zeichnete eine grau-schraffierte Hand die eine Hibiskusblüte hielt. Die Hibiskusblüte malte Linda mit einem pinkfarbenen Buntstift aus. Anschließend malte sie noch eine kleine Biene, die auf die Blüte zuflog. Als Linda fertig war betrachtete sie ihr

Kunstwerk und war sehr zufrieden mit sich. Sie zeigte ihr Bild

Nadine und Kristin, die beide hellauf begeistert waren. Dann

sah sich Linda die Bilder der anderen an. Kristin hatte den

Auszug der Bienen aus ihrem alten Bienenstock gezeichnet.

Alle Bienen trugen kleine bunte Köfferchen bei sich und sahen

tatsächlich recht bedrückt aus. Nadine hatte ein Portrait der

tapferen Bienenkönigin gezeichnet. Die mit Blütenpollen

verzierte Krone machte einen mächtigen Eindruck.

Wunderschöne Bilder, dachte Linda. Sie beschriftete die

Kunstwerke, verabschiedete sich von Nadine und bat Papa

dann sie in ihr Bett zu tragen. Es war zwar erst nachmittags,

aber Linda hatte Mühe die Augen offen zu halten. Sobald

Papa sie in ihrem Bett abgesetzt hatte, Linda zugedeckt war

und ihren Brumm im Arm hatte war sie auch schon

eingeschlafen. Es verging nur eine kurze Weile ehe sie von

einem sanften, ihr wohlbekannten Windhauch geweckt wurde.

Das Schattenwesen saß auf dem Fensterbrett und wartete auf

sie. Freudig sprang Linda auf. Sie setzte Brumm ordentlich

auf ihr Kopfkissen und lief zu dem Wesen. Was für ein tolles

Gefühl – Schmerzen und Müdigkeit waren verschwunden als

Linda mit dem Wesen durchs Fenster stieg und sich das erste Mal bei Tageslicht auf die Reise machte in das Land der Hibiskusblüten. Kurz überlegte sie ob die anderen Menschen in der Stadt sie wohl sehen könnten, kam dann aber zu dem Schluss, dass sie dafür wohl zu schnell unterwegs waren. Aber Linda selbst konnte viel mehr erkennen als bei den nächtlichen Flügen, zumindest solange, bis das Schattenwesen für das letzte Stück nochmal an Tempo zulegte. Wo sie wohl heute landen würden? Sie kamen auf dem Boden auf, Linda öffnete die Augen und freute sich sehr, sie waren wieder einmal auf der saftigen grünen Wiese gelandet die Linda von ihrem ersten Besuch hier kannte. Obwohl sie im Hellen losgeflogen waren, war es hier genauso dämmrig wie bei allen anderen Besuchen. Mehrere Schattenwesen hatten schon auf sie gewartet. Als sie nun endlich ankamen sprachen alle wie wild durcheinander und da fiel Linda zum ersten Mal auf, dass sie ganz unterschiedliche Stimmen hatten. Der Schatten, der sie immer abholte hatte eine helle, klare Stimme die klang als gehöre sie einem Mädchen. Es gab dunklere Stimmen und fiepsige, laute, leise

– eine große Vielfalt. So wie damals, als Linda aufgefallen war, dass die Wesen unterschiedliche Formen hatten und auch verschieden groß waren, war sie erst etwas irritiert. Als sie aber dann genauer darüber nachdachte, war sie sogar etwas erleichtert. Sie fühlte sich immer besser in die Gruppe miteinbezogen. Als sich noch alle Stimmen gleich angehört hatten, war Linda sich schon etwas als Außenseiter vorgekommen. Nun wo jedes der Wesen eine ganz individuelle Stimme hatte war es etwas ganz anderes. Es gab so viele Vorschläge was sie spielen könnten, dass Linda ganz durcheinander kam und sich nicht so recht entscheiden konnte. Also schlug sie vor mit einer Runde Fangen zu starten. Schon jagte Linda den Schattenwesen auf der Wiese hinterher. Alle lachten – alles war wunderbar. Linda war so froh sich wieder frei bewegen zu können, sie war glücklich. Eben noch musste sie von ihrem Vater ins Bett getragen werden und nun tobte sie hier im Land der Hibiskusblüten mit den Schattenwesen über die wunderschöne Wiese. Als sie alle vom vielen Toben ganz außer Atem waren ließen sie sich alle ins Gras fallen und blickten in den Himmel. Vom dämmrigen Licht angestrahlte Wolken zogen über sie dahin. Sie hatten die verschiedensten Formen und so fingen sie alle an sich Geschichten zu den Wolken auszudenken. Linda entdeckte eine Wolke die aussah wie ein riesiger Apfel. Die Geschichte, die sie sich dazu ausdachte handelte von einem Wurm, der für seine Großfamilie ein neues zu Hause suchte, aber kein Apfel war groß genug, bis er endlich den riesigen Wolkenapfel fand und fortan alle glücklich und zufrieden dort leben konnten. Alle kicherten und waren vergnügt über diese lustige Geschichte. Als die Schattenwesen an der Reihe waren drehte Linda ihren Kopf zur Seite um besser zuhören zu können und erst da fiel ihr auf, dass sie sich im selben Dämmerlicht befanden wie sonst auch. Das war merkwürdig, denn sie waren doch zu einer ganz anderen Tageszeit gestartet. Im Land der Hibiskusblüten schien es keine Zeit zu geben. Sie dachte diesen Gedanken gerade noch zu Ende, da bemerkte sie neben sich auch schon den Schatten, der sie immer begleitete. Linda stand auf und reichte dem Wesen ihre Hand. „Müssen wir schon los?", fragte Linda etwas wehmütig. „Du bist ja bald wieder hier bei uns!", antwortete das Wesen.

Einer der Schatten kam auf Linda zu gerannt und überreichte ihr eine weitere Hibiskusblüte für ihre Sammlung. Auf dem Rückflug war Linda sehr nachdenklich und sogar so in Gedanken versunken, dass sie gar nicht wahrnahm wie unter ihnen die Häuser vorbeizogen und sie sich in rasantem Tempo ihrem Haus näherten. Schon lag Linda wieder in ihrem Bett, Brumm im Arm, die Blüte neben sich auf dem Kopfkissen und das Schattenwesen war wieder verschwunden. Kurz nach ihrer Ankunft öffnete sich die Zimmertür ein Stück und Kristin schlich sich hinein. „Schläfst du noch?", wollte sie von ihrer großen Schwester wissen. Linda schüttelte den Kopf und lächelte. Da entdeckte Kristin die Blüte auf dem Kissen. „Soll ich die zu den anderen bringen?", fragte sie. Linda nickte dankbar. Sie war so erschöpft, dass sie noch nicht mal sprechen wollte. Nachdem Kristin die Blüte zum Pressen im Lexikon verstaut hatte, schlüpfte sie an Lindas Fußende mit unter die Bettdecke und begann ihre liebste Gute-Nacht-Geschichte nachzuerzählen. Linda hatte sie ihrer kleinen Schwester so oft vorgelesen, dass Kristin diese Geschichte schon beinahe wortwörtlich auswendig wusste. Unter dieser Erzählung kam Mama kurz ins Zimmer um für die Nacht das Fenster zu schließen, denn es fing an abends kühl zu werden. Linda wollte erst protestieren, aber sie war zu müde dazu. Schade, dachte sie, nun werde ich heute Nacht ganz bestimmt nicht ins Land der Hibiskusblüten reisen. Linda war so müde, dass sie wieder einschlief noch bevor Kristin die Geschichte zu Ende erzählt hatte. Irgendwann in der Nacht spürte Linda eine sachte Berührung am Arm. Sie öffnete die Augen und erblickte das Schattenwesen. Es saß direkt neben ihr auf der Bettkannte und streichelte ihr über den Arm. Linda lächelte und setzte sich auf. Sie blickte in Richtung Fenster und stellte fest, dass es noch verschlossen war. Sie wunderte sich zwar etwas, stand dann aber auf, setzte Brumm wieder auf ihr Kissen, reichte dem Wesen ihre Hand und gemeinsam spazierten sie einfach durch das Fenster hindurch. Linda staunte nicht schlecht, als sie sich im Flug nochmal umsah und feststellte, dass ihr Zimmerfenster noch immer geschlossen war. 1.000 Fragen schossen ihr auf einmal durch den Kopf, aber Linda konnte keine konkrete Frage daraus formulieren. Warum wunderte sie sich eigentlich? Nur wegen des Fensters? Über das Fliegen und die Zeitraffung wunderte sie sich inzwischen genauso wenig, wie über die immer wechselnden Kulissen in denen sie im Land der Hibiskusblüten landeten. Wo es wohl heute hingehen würde? Linda vergaß über diese Vorfreude ihre Zweifel und Ängste. Schon setzten sie zur Landung an und - standen mitten im Schnee. Die einzige Pflanze die sie sah war eine Hibiskuspflanze mit pinken Blüten. Seltsamerweise war Linda überhaupt nicht kalt. Sie stand barfuß und in ihrem Nachthemd im Schnee und fror nicht. Plötzlich prallte etwas gegen ihren Rücken – ein Schneeball. Linda bückte sich, formte auch ein Wurfgeschoss und warf es in die Richtung in der sie ihren Angreifer vermutete. Schon war die schönste Schneeballschlacht im Gange. Linda hatte großen Spaß und tobte mit den Schattenwesen durch die Schneelandschaft. Mitten im Spiel kam Linda eine Idee. Sie formte erneut einen Schnellball, aber anstatt ihn zu werfen rollte sie ihn durch den Schnee, so dass er immer größer wurde. Als er Linda bis zur Hüfte reichte ließ sie den Ball liegen und formte einen neuen kleinen Ball mit dem sie genauso verfuhr wie mit dem ersten, allerdings blieb dieser Ball etwas kleiner. Auch noch einen dritten Schneeball gab es und als alle drei in guter, alter Schneemannmarnier übereinander gebaut waren, begannen die Schattenwesen mit dem Verzieren. Steine dienten als Mund, Augen und Anzugsknöpfe. Zwei vergabelte Äste wurden die Arme und ein kleines, dickes Aststück wurde zur Nase umfunktioniert. Das war wirklich ein richtig schöner Schneemann fand Linda.

Es war noch viel Schnee übrig und so beschlossen Linda und die Schattenwesen, dass sie auch noch ein Iglu bauen könnten. Als sie fertig waren, war es zwar eher eine Schneehöhle als ein Iglu, aber das war vollkommen egal, Hauptsache alle fanden darin Platz. Sie hatten großen Spaß mit ihrem gemeinsam erbauten Schneehaus. Als es an der Zeit war zu gehen, fiel es Linda sehr schwer sich zu verabschieden. Selbst in dieser kargen Landschaft bekam Linda natürlich wieder zum Abschied eine pinkfarbene Hibiskusblüte geschenkt. Linda lächelte still. Wenn es ihr besonders schlecht ging, dann sah sie sich ihre Blütensammlung an, dachte an ihre Besuche im

Hibiskusblütenland und wurde ruhig und entspannt. Sie gab dem Schattenwesen ihre Hand und schon flogen sie wieder zurück in Lindas Zimmer. Als sie erwachte war sie eng an Brumm gekuschelt. Neben dem Bett lag auf dem Fußboden die pinke Hibiskusblüte und das Fenster war noch immer geschlossen. Linda dachte über den vergangenen Tag nach und stellte fest, dass sie gleich zweimal ins Land der Hibiskusblüten gereist war. Das war bisher noch nie vorgekommen. Woran das wohl lag? Linda konnte sich keinen Reim darauf machen. Heute war Sonntag. Darauf freute sich Linda immer. Gleich würde Papa kommen und sie in die Küche tragen wo bereits Mama mit Kristin und den Großeltern warten würde und dann würden sie zusammen ganz ausgiebig frühstücken. Je länger Linda krank war, um so weniger Hunger hatte sie auch, aber das Erlebnis wenn alle zusammen um den eigentlich viel zu kleinen Küchentisch saßen und vor sich eine riesige Auswahl an Speisen hatten, das wollte sie auf keinen Fall missen. Linda nahm sich eine halbe Scheibe Sonnenblumenkernbrot und etwas Rührei. Sie hörte den Erzählungen der anderen zu und in Gedanken wanderte sie immer wieder ins Land der Hibiskusblüten, den Ort an dem sie gesund war und toben konnte. Nach dem Frühstück wollte sich Linda etwas ausruhen. Sie legte sich in ihr Bett, drückte Brumm an sich und döste solange, bis sie den altvertrauten Luftzug spürte. Sie setzte Brumm wieder auf ihr Kopfkissen und ging zum Fenster. Kurz bevor sie dem Schattenwesen die Hand gab blickte sie sich noch einmal um und sah wie Kristin in der Tür stand Mund und Augen weit geöffnet. Linda sah sie flehend an, dann drehte sie sich um, gab dem Schattenwesen die Hand und war schon aus dem Fenster verschwunden. Als sie dieses Mal wieder im Garten mit den köstlichen Früchten landeten konnte Linda den Ausflug gar nicht so recht genießen. Immer wieder dachte sie an Kristins schockierten Gesichtsausdruck. Was würde sie wohl erwarten, wenn sie wieder nach Hause kam? Ob alle Bescheid wüssten und in ihrem Zimmer auf sie warteten? Ob sie dann jemals wieder hierher zurückkehren könnte? Bisher hatte Linda nur mit Nadine über die nächtlichen Ausflüge gesprochen. „Kristin hat uns gesehen!", platzte es plötzlich aus Linda heraus. „Ich weiß.", antwortete das Schattenwesen.

„Deine kleine Schwester wird sicherlich viele Fragen haben, wenn du zurückkommst. Sie wird vermutlich etwas Angst haben, du solltest ihr alles ausführlich erzählen. Jetzt aber komm erst mal, spiele Fangen mit uns, iss ein paar Früchte und genieße die Zeit." Linda war unsicher ob sie das so einfach können würde, aber kaum war sie in das Spiel vertieft schon tanzte sie mit den anderen durch den Garten, auch wenn sie oft an Kristin dachte, so wusste sie doch, dass sie die Gelegenheit dazu bekommen würde ihrer kleinen Schwester alles zu erkläre und so wurde Linda viel ruhiger. Als es Zeit war zu gehen, kam wieder eines der Schattenwesen auf Linda zu und schenkte ihr eine wunderschöne Hibiskusblüte. Den Rückflug über fragte Linda sich was sie Kristin wohl sagen sollte. Als sie sich dem Haus näherten konnte Linda erkennen, dass ihre kleine Schwester mit dem Kopf auf der Fensterbank eingeschlafen war. Linda erwachte im Bett, Brumm im Arm, die Hibiskusblüte auf dem Kopfkissen, stand sofort auf und ging auf wackeligen Beinen zu ihrer Schwester, um diese aufzuwecken. Kristin sah sie entgeistert an. „Wo warst du?" „Ich war im Land der

Hibiskusblüten. Schon eine ganze Weile holen mich die Schattenwesen ab und nehmen mich dort mit hin. Wenn ich dann zurückkomme ist es so als wäre ich nur kurz eingeschlafen, aber jeden Morgen liegt eine Hibiskusblüte neben mir." „Sind das die Blumen im Lexikon?" Linda nickte. „Dann warst du schon ganz schön oft da! Warum hast du mich nie mitgenommen?" „Ich kann dich dort nicht mit hinnehmen, das Land der Hibiskusblüten ist nur für Kinder die sehr, sehr krank sind. Dort haben sie nämlich keine Schmerzen mehr und können wieder toben, zumindest für die Dauer ihres Aufenthalts." „Du kannst doch auch mit mir spielen!" Kristin sah ihre ältere Schwester vorwurfsvoll an. „Kristin, du darfst mir nicht böse sein, ich habe dich sehr gerne. Aber es tut mir auch gut im Land der Hibiskusblüten meine Schmerzen und meine Krankheit vergessen zu können." „Das verstehe ich. Kannst du mir nicht erzählen wie es dort aussieht? Dann kann ich mir in meiner Fantasie vorstellen, dass wir zusammen dort spielen." Linda begann ihr vom Land der Hibiskusblüten zu erzählen, von den verschiedenen Kulissen, von den Schattenwesen, von den

Hibiskusblüten. Sie erzählte und erzählte und Kristin hörte aufmerksam zu. Danach erzählte ihr Kristin was für sie passierte, wenn Linda ins Land der Hibiskusblüten ging. Meist waren es krampfartige Anfälle oder sie verlor einfach so das Bewusstsein. Mehrmals schon hatte sie wiederbelebt werden müssen. Während Linda im Land der Hibiskusblüten toben konnte bangte Ihre Familie um ihr Leben. Kristin sagte ihrer Schwester aber auch, wie froh sie war zu hören, dass Linda während dieser Anfälle keine Schmerzen hatte, sondern an so einem schönen Ort sein durfte. So saßen die beiden Mädchen zusammen bis es Abend wurde und beide zu gähnen begannen. Kristin holte Mama und mit ihrer Hilfe machten sich die zwei bettfein. Als sie in ihren Betten lagen fragte Kristin auf einmal: „Bleibst du irgendwann für immer im Land der Hibiskusblüten?" „Das weiß ich nicht.", antwortete Linda. „Du hast gesagt, deine Besuche dort dauern immer länger und kommen immer öfter vor – früher oder später wird aus immer länger für immer." Diese Schlussfolgerung leuchtete Linda ein, aber dennoch hatte sie keine Antwort für Kristin, sie setzte Brumm auf ihren Bauch und betrachtete ihn lange sehr nachdenklich. „Du, Kristin, egal wo ich bin, ich habe dich immer dabei – gleich hier in meinem Herzen." „Ich habe dich auch immer in meinem!", antwortete Kristin. Beruhigt schliefen beide ein. Linda erwachte von der wohlbekannten, sanften Berührung am Arm. Das Schattenwesen stand vor ihr und streckte die Hand aus. Linda nahm sie nur allzu gerne an. Der Tag heute hatte sie viel Kraft gekostet und sie freute sich schon sehr darauf mit den Schatten toben zu können und sich so frei zu fühlen als wäre sie überhaupt nicht krank. Die beiden starteten und landeten schon kurze Zeit später wieder – dieses Mal am Strand eines wundervoll glitzernden tiefblauen Meeres. Der Sand unter ihren Füßen war herrlich weich und warm. Hinter den Dünen, die den Strand umgaben konnte Linda wieder die großen alten Bäume des Waldes erkennen und eine Hibiskuspflanze. Auf den Dünen wuchsen vereinzelt kleine Sträucher. Der Sand war cremefarben, hatte beinahe schon die Farbe von Elfenbein. Linda konnte erkennen, dass eine Menge Muscheln hier versteckt lagen. Sie drehte sich ein Stück und richtete nun den Blick aufs Meer. Die Farbe war wirklich einzigartig, die tiefblaue Fläche reichte bis zum Horizont wo wie immer der helle Streifen der Dämmerung leuchtete. Vögel, vermutlich Möwen, kreisten über dem Wasser. Die Brandung war nicht besonders stark. Ganz ruhig rollen die einzelnen Wellen an den Strand. Linda stellte einen Fuß ins Wasser und lies die Wellen ihren Knöchel umspülen, das Gefühl mochte sie. Auch im Urlaub mit den Großeltern hatte Linda so stundenlang am Strand stehen können und sich ihre Füße umspülen lassen. Dann war sie beinahe so wie ein Leuchtturm. Rufe rissen Linda aus ihren Gedanken. Sie kamen aus Richtung der Dünen und als Linda und das Schattenwesen sich umdrehten, kamen die anderen Schatten gerade aus dem Wald und liefen über die Dünen zu ihnen an den Strand. Gleich nachdem sich alle begrüßt hatten machte Linda den Vorschlag einige Muscheln zu sammeln und zwar so viele man tragen konnte. Die Muscheln wurden dann zu einem Haufen abseits des Wassers zusammengelegt. Direkt daneben bauten nun alle gemeinsam eine wunderschöne große Sandburg. Nachdem das Grundgerüst fertig war nahmen sie die gesammelten Muscheln um damit die Burg zu verzieren. Begeistert wurde das Werk von allen Seiten betrachtet. Linda war sehr zufrieden und freute sich sehr als eines der Schattenwesen vorschlug noch etwa baden zu gehen. Ausgelassen tobten sie durch das Meer, das war vielleicht eine Freude! Anschließend legten sich alle zum Trocknen in den warmen Sand. Als es Zeit für die Rückreise war, stand Linda auf, klopfte sich den Sand ab und folgte dem Schattenwesen, damit sie starten konnten – aber natürlich erst, nachdem sie ihre Blüte bekommen hatte. Als Linda wieder in ihrem Zimmer aufwachte fühlte sie sich wieder kränklich und schwach. Sie drückte Brumm fest an sich und schlief schnell wieder ein. In der folgenden Zeit war Linda immer lieber im Land der Hibiskusblüten und immer schwerer fiel ihr der Abschied von dort. Sie hatte erfahren, dass die Behandlung nicht wirkte. Ihre Blutwerte wurden immer schlechter und sie wirkte insgesamt von Tag zu Tag kränker. Inzwischen brauchte sie Hilfe, wenn sie zur Toilette musste, weil sie den Weg nicht mehr alleine bewältigen konnte. Mama und Papa konnten aber natürlich nicht dauerhaft von der Arbeit zu Hause bleiben und so kam es, dass Großmutter meistens den Tag über bei

Linda war. Papa trug Linda morgens auf das Sofa im Wohnzimmer, Mama drückte ihr Brumm in den Arm und Großmutter setzte sich in den Sessel gegenüber sobald sie angekommen war. Um Linda besser transportieren zu können, stand ein Rollstuhl zwischen den beiden Möbelstücken. Großmutter las Linda stundenlang vor, immer solange bis Linda eingeschlafen war. Mittags gab es häufig Lindas liebste Hörnchennudeln oder auch Pfannkuchen. Wenn Großmutter neben der schlafenden Linda saß begann sie zu stricken und dann strickte und strickte sie. Schals, Socken, eine Mütze und ein halber Pullover waren schon bald das Ergebnis dieser Bemühungen. An den Reisen ins Land der Hibiskusblüten änderten sich nur das Startfenster und die Tatsache, dass Linda gleich nach ihrer Rückkehr die Hibiskusblüte versteckte, damit Großmutter nichts bemerkte. Nachmittags kam Nadine oft nach der Schule bei ihr vorbei um nach ihr zu sehen. Sie las Linda immer noch sehr gerne vor. Manchmal halfen Nadine und Lindas Großmutter sogar zusammen und lasen den Text mit verteilten Rollen, um die Geschichte lebendiger zu machen. Das war immer ein großer

Spaß! Nachmittags holte der Großvater dann auch Kristin aus dem Kindergarten ab und brachte sie nach Hause. Kristin war inzwischen meist sehr still. Sie hatte vermutlich große Angst. Eines Abends als Linda und Kristin schon im Bett waren aber noch nicht schliefen, sprach Linda ihre kleine Schwester auf die Situation an und tatsächlich erzählte ihr Kristin davon große Angst zu haben und zwar davor, dass Linda mal für immer im Land der Hibiskusblüten bleiben könnte und sie selbst dann ganz alleine sei. Es machte Kristin auch Angst was die Krankheit mit ihrer Schwester machte. Sie schien sehr durcheinander. Linda versuchte sie zu trösten, erinnerte Kristin an das Bild mit dem Engel mit den großen Flügeln, erzählte ihr dann auch noch, dass sie in Nadine beide eine tolle Freundin gefunden hätten und auch, dass die Krankheit durch die Reisen ins Land der Hibiskusblüten viel leichter auszuhalten sei. Kristin solle immer daran denken, dass Linda gesund war und keine Schmerzen mehr hatte, wenn sie in diesem Land war. Dann dachte sie sich eine tröstliche Gute-Nacht-Geschichte für ihre kleine Schwester aus. Als sie das gleichmäßige Atmen von Kristin hörte, liefen Linda doch ein paar Tränen die Wangen hinunter. Sehnsüchtig wartete sie heute auf ihre Schattenfreundin um in das tröstliche Land der Hibiskusblüten aufbrechen zu können. Als das Schattenwesen sie abholen kam war Linda erleichtert, die Strapazen die die Tage in letzter Zeit mit sich brachten fielen von ihr ab und losgelöst folgte sie dem Wesen zum Start in den Himmel. Sie landeten heute vor dem Eingang zu einer Art Rummelplatz, daneben wuchs selbstverständlich wieder eine Hibiskuspflanze. Linda konnte eine Achterbahn und sogar ein Riesenrad entdecken. Einige Buden sah sie auch. Hoffentlich gab es auch Dosenwerfen dachte sie. Rund um den Rummel wuchsen die großen, alten Bäume empor. Linda konnte in den Fahrgeschäften und vor den Buden schon einige Schatten sehen und brannte nun natürlich darauf mitzumachen. Sie drehte sich zu ihrer Schattenfreundin um und bemerkte, dass diese für sie nun deutlich schärfere Konturen hatte. Das war ganz schön ungewohnt. Bisher hatte Linda die Wesen immer sehr verschwommen wahrgenommen, aber nun konnte sie die Umrisse ganz deutlich wahrnehmen. Vor ihr stand ein Wesen mit langen Haaren, das einen Rock trug. Ungefähr so groß wie sie selbst, aber sehr zierlich war. Trotz der Konturen war das Wesen aber immer noch ein Schatten. Anscheinend hatte sie Linda auch bereits etwas gefragt während diese so sehr mit ihrer Analyse beschäftigt war, dass sie überhaupt nicht zugehört hatte. Fragend sah Linda ihre Schattenfreundin an. „Möchtest du mit mir Riesenrad fahren?", fragte diese, wohl zum zweiten Mal. Linda war begeistert und stimmte nicht nur sofort zu, sondern schnappte ihre Freundin an der Hand und zog sie sofort in Richtung des Riesenrades. Die beiden stiegen in eine der bunten Gondeln ein und hatten während der Fahrt unglaublich viel Spaß. Von oben sah der ganze Rummelplatz unglaublich klein aus, beinahe wie Spielzeug. Linda stellte sich vor wie sich zum Puppenhaus im Kinderzimmer auch noch ein detailreicher Rummelplatz gesellte. Aber warum sollte sie eigentlich Rummel spielen, wenn sie ihn gerade live erleben konnte? Also überlegte sie zusammen mit ihrer Schattenfreundin, was sie als nächstes unternehmen wollten. Sehr schnell einigten sich die beiden auf eine Portion Zuckerwatte. Sie verließen das Riesenrad und machten sich auf den Weg zum entsprechenden Stand.

Schon bald hielt jede von ihnen eine rosafarbene, zuckrige Wolke vor sich und beide schmatzen genüsslich. Sie schlenderten durch den Rummelplatz und kamen auch an der Bude für Dosenwerfen vorbei. „Das mache ich besonders gerne!", sagten beide wie aus einem Munde. Schon war selbstverständlich klar, was als nächstes auf dem Programm stand. Linda konnte gar nicht genug davon bekommen. Irgendwann konnte sie sich dann aber doch von der Bude losreißen und erkundete zusammen mit ihrer Freundin den restlichen Rummelplatz. Hier war richtiges Getummel, so viele Schattenwesen hatte Linda noch nie auf einmal gesehen. Das war sehr spannend, aber irgendwann wollte Linda es doch etwas ruhiger haben. Nachdem sie das dem Schattenwesen gesagt hatte, nahm dieses Linda an die Hand, verließ den Rummelplatz und steuerte direkt auf den Wald zu. Linda überlegte in Gedanken ob sie schon mal in diesem alles umgebenden Wald gewesen war und stellte fest, dass sie nur einmal hier gewesen war um Verstecken zu spielen. Die Bäume mussten sehr alt sein, denn sie waren sehr groß und hatten Stämme mit einem beachtlichen Durchmesser.

Staunend lief Linda hinter dem Schattenwesen her. Der Boden des Waldes war mit Moos bedeckt, an manchen Stellen wuchsen kleine Sträucher oder Büsche oder Hibiskuspflanzen. Linda war fasziniert wie zielstrebig ihre Begleitung durch den Wald lief – sie selbst hätte sich sicherlich schon mehrmals verlaufen. Mit einem Mal kamen sie an einem Waldrand an. Linda blickte ihrer Schattenfreundin über die Schulter und freute sich sehr über das was sie da sah. Sie standen am Rand der Dünen, die über den Strand hin zum Meer ausliefen. Das war eine ganz grandiose Überraschung, denn hier hatte es Linda bereits das letzte Mal sehr gut gefallen. Sie liefen über den warmen, weichen Sand in Richtung Meer und Linda fühlte eine tiefe Zufriedenheit in sich aufsteigen. Hier fühlte sie sich so wohl, dass sie sich fallen lassen und ihre Sorgen vergessen konnte. Linda ließ sich dann auch wirklich fallen und zwar in den Sand. Kurz darauf landete ihre Schattenfreundin neben ihr. Eine Weile blickten sie stumm in den Himmel. „Schön, dass wir uns kennengelernt haben.", sagte Linda und brach damit die Stille. „Das finde ich auch.", antwortete das

Schattenwesen. „Weißt du es wird zufällig ausgelost, wer die Neuen begleiten darf. Ich bin richtig froh, dass wir zusammengelost wurden – ich mochte dich nämlich auf Anhieb!" „Ich muss zugeben am Anfang hatte ich schon ein bisschen Angst, aber als wir anfingen uns kennenzulernen war ich froh, dass ich bei unserer ersten Begegnung so mutig gewesen war mit dir zu kommen. Sag mal, werde ich irgendwann für immer hier bleiben?" Das Schattenwesen wich einer Antwort aus und kurz darauf war es dann auch schon wieder Zeit zu gehen. Wie aus dem Nichts tauchte ein weiterer Schatten auf und steckte Linda die pinkfarbene Hibiskusblüte ins Haar und dann ging es schon los. Während des Fluges dachte Linda darüber nach, dass sie heute das erste Mal gleich zwei Kulissen bei einem Ausflug besucht hatte. Sie wachte in ihrem Bett auf, strich Brumm über das weiche Fell und drückte den kleinen Bären fest an sich. Linda dachte an ihr Gespräch mit Kristin und an das mit dem Schattenwesen. Heute hatte sie viel geredet, viel erlebt und viel über sich erfahren. Sie war sich ziemlich sicher, dass sie irgendwann für immer im Land der Hibiskusblüten bleiben würde. Sie würde Kristin und natürlich auch Ihre Eltern und Großeltern und Nadine immer vermissen, aber sie wusste genau, dass sie dort schon eine gute Freundin gefunden hatte. Beruhigend war auch der Gedanke, dass Kristin auch noch Nadine hatte. Die beiden verstanden sich wunderbar. An manchen Tagen war es Linda schon so vorgekommen als wären sie drei Schwestern. Die beiden würden ganz bestimmt gut aufeinander Acht geben. Mit diesem angenehmen Gedanken im Herzen und Brumm im Arm schlief Linda wieder ein. Linda schlief lange und viel. In den Zeiten in denen sie wach und einigermaßen bei Kräften war verfolgte sie eine Idee die ihr vor kurzem nach der Rückkehr aus dem Land der Hibiskusblüten gekommen war. Gleich am nächsten Morgen hatte sie Mama gebeten ihr ein schönes buntes Notizbuch und ein paar bunte Filzschreiber mitzubringen. Gleich als Mama ihr die gewünschten Sachen gegeben hatte fing Linda an zu schreiben. Auf die erste Seite schrieb sie: „Für Kristin und Nadine", auf der nächsten Seite stand dann: „Für euch zum Lesen oder zum Vorlesen für Mama, Papa, die Großeltern und Nadines Eltern, damit ihr nicht so traurig seid, sondern euch trösten könnt." Dann fing Linda an in einzelnen Kapiteln ihre Reisen in das Land der Hibiskusblüten aufzuschreiben. Die schönen Kulissen, die lustigen Abenteuer und Erlebnisse wurden in immer wieder wechselnden Farben in das Notizbuch eingetragen. Das Schreiben war sehr anstrengend und Linda musste viele Pausen einlegen, aber voran kam sie dennoch. Manchmal malte sie unter ihre Texte zur Verdeutlichung noch ein kleines Bild, wie zum Beispiel bei der Geschichte mit dem Schneemann oder auch vom Bau der Sandburg. Als das Buch beinahe voll war schrieb Linda auf die letzte Seite folgenden Brief:

Meine Lieben,

wenn ihr dieses Buch lest, bin ich für immer ins Land der Hibiskusblüten gegangen, aber ihr müsst nicht traurig sein, denn ich habe euch in meinem Herzen immer bei mir. Im Land der Hibiskusblüten habe ich keine Schmerzen mehr, ich bin gesund und kann wieder toben. Ihr werdet mir schrecklich fehlen! Ich habe euch alle so unglaublich lieb! Bitte passt gut aufeinander auf! Immer wenn ihr besonders traurig seid könnt ihr zusammen in diesem Buch hier lesen, in dem ich für euch meine Abenteuer im Land der Hibiskusblüten aufgeschrieben habe.

In Liebe - Linda

Ein paar Tränen tropften auf das Papier als Linda den Brief beendet hatte. Sie klappte das Notizbuch zu und versteckte es unter ihrem Kopfkissen. Als Papa von der Arbeit kam und nach ihr sah, bat sie ihn um Klebeband und Geschenkpapier. Auf dem Papier, das Papa ihr brachte waren kleine, bunte Blümchen zu sehen, das passte ganz wunderbar, denn Linda wollte ja etwas Aufmunterndes und Tröstendes verschenken. Linda packte das Notizbuch sorgfältig ein und klebte das Päckchen ordentlich mit Klebeband zu. Da das ganz schön anstrengend für sie gewesen war, schnappte Linda sich, nachdem das Päckchen wieder unter ihrem Kopfkissen verschwunden war, Brumm, drückte den kleinen Bären fest an sich und schlief ein. Als sie von ihrer Schattenfreundin abgeholt wurde, setzte sie Brumm besonders gewissenhaft auf ihr Kopfkissen, denn er sollte nun das Notizbuch bewachen, während sie nicht da war. Linda und das Schattenwesen landeten dieses Mal auf einer schönen, grünen Wiese in deren Mitte ein hübschgewachsener Baum stand, der von Hibiskuspflanzen umgeben war. Ein paar Schattenwesen waren schon da, zwei saßen sogar im Baum. Die Wesen, die unten um den Baum herumstanden hatten Bretter, Nägel und Werkzeug in den Händen. Linda musste nur kurz überlegen ehe sie wusste was hier geplant war und schon nahm sie ihre Schattenfreundin an der Hand, damit sie auch beim Bau des Baumhauses mitmachen konnten. Das machte viel Spaß und als sie fertig waren kletterten sie zusammen in den Baum um alle in dem kleinen Häuschen Platz zu nehmen. Reihum erzählte nun jeder eine Baumhausgeschichte. Linda fiel ein, wie sie zusammen mit Kristin im Garten der Großeltern versucht hatte ein Baumhaus in den alten Kirschbaum zu bauen, was aber überhaupt nicht funktioniert hatte, weshalb sie dann aus der Hängematte und ein paar Decken einfach eine Höhle gebaut hatten. Nachdem Linda ihre Geschichte erzählt hatte kicherten alle zusammen mit ihr. Nach der Erzählrunde spielten sie noch im Baumhaus, kletterten und tobten auf der Wiese. Linda rannte bei ihren Ausflügen ins Hibiskusblütenland momentan besonders viel, denn wenn sie wieder zurückkam war sie wieder so schwach, dass sie kaum stehen konnte, also musste sie ihre Bewegungsfreiheit hier natürlich ausnutzen. Wie immer musste sie nach einiger Zeit wieder zurück und wie immer bekam sie zum Abschied eine Hibiskusblüte geschenkt. Linda hatte mit Hilfe von Kristin für die stattliche Sammlung inzwischen ein Album angelegt in das die fertig getrockneten Blüten eingeklebt wurden. Das lag auf Lindas Nachttisch, damit sie es sich immer wieder ansehen konnte. Mama und Papa hatten die beiden Mädchen schon öfter gefragt woher die Blüten kämen, aber die zwei hatten sich immer nur verschwörerisch angesehen und dann zu kichern angefangen. Inzwischen fragten Mama und Papa immer seltener nach dem Album mit den Hibiskusblüten. Linda kam es so vor als wäre sie die letzte Zeit viel öfter im Land der Hibiskusblüten als im

Haus ihrer Eltern. Jeden Tag kamen mehrere neue Blüten hinzu und sie verlebte viele verschiedene Abenteuer mit ihrer Schattenfreundin. Linda war froh so oft ins Land der Hibiskusblüten reisen zu können, denn ansonsten ging es ihr gerade nicht besonders gut. Dass ihr Gesamtzustand schlechter wurde, merkte sie auch an ihrem Umfeld. Alle gaben sich große Mühe sich nichts anmerken zu lassen, wenn sie in ihrer Nähe waren, aber Linda sah dennoch die traurigen Blicke, die vereinzelten Tränen und die verweinten Gesichter. Es war schlimm für sie ihre Lieben so sehen zu müssen, aber Linda konnte ihnen genauso wenig helfen, wie anders herum. Die Hilflosigkeit war für Linda unglaublich traurig. Bei ihren Besuchen im Land der Hibiskusblüten zeigte ihre Schattenfreundin ihr besonders schöne Plätze und sie unternahmen viele wunderbare Dinge. Die Freundin spürte intuitiv, dass es für Linda gerade sehr schwierig war und so half sie ihr auf ihre Art – mit einer Sammlung von traumhaften Erlebnissen und Erinnerungen. Es war ein sonniger Sonntag im Herbst. Papa weckte Linda und Kristin auf. Dann nahm er Linda auf seine Arme und trug sie in die Küche. Am

Küchentisch saßen bereits Mama und die Großeltern. Mama nahm Linda auf den Schoß und fütterte sie mit Rühreiern, die mochte Linda besonders gern. Alle erzählten Linda was die Woche über passiert war. Trotz ihrer Krankheit schaffte Linda es zu lächeln und freute sich sehr mitten im Geschehen dabei zu sein. Nach dem Frühstück zogen alle ins Wohnzimmer um, dort stand der Fernseher und sonntags morgens kamen immer besonders schöne Märchenfilme. Nach dem Mittagessen, das aus Hörnchennudeln bestand, gingen alle gemeinsam in den Garten, bewunderten das schöngefärbte Laub der Bäume und beobachteten ein kleines Eichhörnchen, das fröhlich von Ast zu Ast hüpfte. Kristin sammelte ein paar Kastanien auf, die vom Baum gefallen waren und brachte sie Linda. Ihre große Schwester sollte auch die wunderbar glatten Oberflächen berühren können – Linda strahlte. Zum Kaffee kamen auch Nadine und ihre Eltern vorbei und natürlich brachten sie auch leckeren Kuchen mit, der war mit Johannisbeergelee gefüllt. Nadine las dann in der großen Runde aus ihrem Geschichtenbuch vor. Linda konnte sehen, wie nervös ihre Freundin war, doch je länger sie las, desto mehr entspannte sie sich und sie las eine ganze Weile, alle hörten ganz gespannt zu. Irgendwann stellte Mama fest, dass es schon ziemlich spät war und schlug vor noch gemeinsam eine Pizza zu essen. Diese Idee wurde kollektiv begeistert angenommen. Nach dem Abendessen war es schon ziemlich spät geworden und so verabschiedeten sich Nadine und ihre Eltern. Alle umarmten Linda zum Abschied, Nadine natürlich besonders lang. Papa trug Linda dann noch mit zur Haustür, damit sie winken konnte. Die Großeltern würden heute wie bereits öfter in der letzten Zeit im Gästezimmer übernachten, da Mama und Papa bereits früher zur Arbeit mussten. Nachdem die beiden Mädchen ihr Schlafanzüge angezogen hatten bekamen sie noch von Mama, Papa und den Großeltern einen Gute-Nacht-Kuss. Kristin kroch zu Linda unter die Decke und erzählte ihr mal wieder ihre Lieblingsgeschichte. Als sie damit fertig war gab sie ihrer Schwester auch einen Gute-Nacht-Kuss und kletterte dann nach oben in ihr Bett. Linda drückte Brumm ganz fest an sich und schlief dann ein. Als sie dieses Mal von der sachten Berührung ihrer Schattenfreundin aufwachte war etwas anders. Das Schattenwesen saß auf der Bettkante, eine pinkfarbene Hibiskusblüte in der Hand drehend. „Möchtest du dich noch verabschieden?", fragte sie Linda. Diese nickte kurz und ging aus dem Zimmer. Als erstes ging sie zum Gästezimmer – die Großeltern schliefen friedlich. Linda ging um das Bett und küsste beide auf die Stirn, dann verließ sie das Zimmer, aber nicht ohne noch einmal einen liebevollen Blick zurückzuwerfen. Als nächstes ging sie in das elterliche Schlafzimmer. Mama und Papa schliefen ganz ruhig. Linda küsste auch sie auf die Stirn und sah den beiden vom Fußende des Bettes aus beim Schlafen zu, bevor sie zur Tür ging, sich nochmals umdrehte und dann zurück ins Kinderzimmer ging. Sie holte das verpackte Notizbuch unter ihrem Kopfkissen hervor und legte es Kristin auf die Bettdecke. Sie strich ihrer kleinen Schwester sanft über die Wange und küsste sie auf die Stirn. Sie war schon auf dem Weg zum Fenster, wo ihre Schattenfreundin auf sie wartete, als sie einen Blick zurückwarf und Brumm ganz alleine auf ihrem Kopfkissen sitzen sah. Schnell ging Linda nochmal zurück, drückte ihren kleinen Bären fest an sich, gab ihm einen Kuss und legte ihn dann Kristin in die Arme. „Brumm, pass gut auf Kristin auf!" Als Linda im Fenster stand blickte sie noch einmal liebevoll ins Kinderzimmer und zu ihrer kleinen Schwester. Als sie die Hand des Schattenwesens wie gewohnt ergreifen wollte, schüttelte ihre Freundin den Kopf. „Du kannst das jetzt alleine!" Linda sah sich den Start an, machte ebenfalls einen Satz vom Fensterbrett und – flog von allein. Die beiden flogen nebeneinander über die nächtliche Stadt. Als Linda unter sich das Haus von Nadines Eltern sah, warf sie ihrer Schattenfreundin einen fragenden Blick zu, diese nickte und schon schwebten sie auf das Haus zu und durch das geöffnete Fenster direkt in Nadines Zimmer. Das Mädchen schlief sehr ruhig. Linda streichelte sachte über ihren Arm und gab dann auch ihrer Freundin einen Kuss auf die Stirn. Dann bat sie ihre Schattenfreundin um die Hibiskusblüte, die ihr mit Freude überlassen wurde. Linda legte die wunderschöne Blume auf Nadines Schreibtisch, blickte nochmal zu ihrer Freundin und schwebte dann mit dem Schattenwesen weiter. Nach einiger Zeit beschleunigten die beiden ihren Flug und schon waren sie im Land der

Hibiskusblüten. Doch es war dieses Mal überhaupt nicht dämmrig, sondern die Sonne strahlte von einem wunderbar blauen Himmel. Linda drehte sich zu ihrer Freundin um und erschrak sich – sie konnte das Gesicht ganz deutlich erkennen, die langen Haare waren braun und das Mädchen trug ein hübsches Jeanskleid. „Ich bin Stella.", sagte sie. „Herzlich Willkommen, liebe Linda! Sieh nur, da möchten dich auch noch andere begrüßen." Linda folgte Stellas ausgestreckter Hand mit dem Blick und entdeckte die anderen Schattenwesen, nur dass sie alle bunt gekleidet waren und Linda ihre Gesichter ganz deutlich erkennen konnte. Wie bei ihrem allerersten Besuch waren sie auf der grünen, saftigen Wiese gelandet. Auf Lindas Gesicht breitete sich ein strahlendes Lächeln aus. „Wollen wir Fangen spielen?", fragte sie und schon tobten sie gemeinsam durch das Gras. Schmerz und Krankheit waren verschwunden…

Liebe Leser,

Abschiednehmen ist immer schwer. Niemand kann den Hinterbliebenen den Schmerz abnehmen. Ich möchte Sie mit diesem Buch ein klein wenig in Ihrer Trauerbewältigung unterstützen.

Nicht jede Familie hat die Chance die kranken Angehörigen zu Hause zu pflegen, umso wertvoller ist die Arbeit, die die Feen des Kinderhospizvereins bereits seit 25 Jahren leisten. Sie helfen wo dies eigentlich unmöglich scheint.

Diese Leistung finde ich beeindruckend! Gerne möchte ich die Tätigkeiten des Kinderhospizvereins unterstützen und deswegen wird pro verkauftem Exemplar dieses Buches 1 Euro an den deutschen Kinderhospizverein gespendet.

Ich wünsche Ihnen weiterhin viel Kraft!

Schon bald können Sie sich auf das nächste Buch aus dem Ingeborg Verlag freuen!

Erleben Sie zusammen mit Sandra wie die Diagnose Demenz alles verändert und wie sie herausfindet, dass die Liebe doch immer gleich bleibt.

Kleine Leseprobe:

Es tat Sandra sehr weh sehen zu müssen wie früher selbstverständliche Dinge nicht mehr möglich waren, ja einfach ganz aus der Erinnerung gestrichen wurden. Das machte ihr Angst. Ihre Oma tat ihr leid, da sie immer unsicherer wurde, musste Sandra davon ausgehen, dass sie ihre Defizite bewusst wahrnahm. Dieses Gefühl musste einfach schrecklich sein. Langsam dämmerte es Sandra, warum ihre Oma in der letzten Zeit oft so genervt und angespannt reagiert hatte.

Hilfe – wo ist meine Brille? Das Oma-Versteh-Buch